高等职业教育校企合作新形态系列教材·工商管理类

企业运营岗前技能训练

（活页式教材）

主　编　薛欣迪　郝敬华
副主编　郭　琏

北京理工大学出版社
BEIJING INSTITUTE OF TECHNOLOGY PRESS

版权专有　侵权必究

图书在版编目(CIP)数据

企业运营岗前技能训练／薛欣迪，郗敬华主编．--北京：北京理工大学出版社，2024.5
ISBN 978-7-5763-4088-4

Ⅰ．①企… Ⅱ．①薛… ②郗… Ⅲ．①企业管理-运营管理-岗位培训-教材 Ⅳ．①F273

中国国家版本馆 CIP 数据核字(2024)第 105942 号

责任编辑：申玉琴　　文案编辑：申玉琴
责任校对：王雅静　　责任印制：施胜娟

出版发行　／　北京理工大学出版社有限责任公司
社　　址　／　北京市丰台区四合庄路 6 号
邮　　编　／　100070
电　　话　／　(010) 68914026（教材售后服务热线）
　　　　　　　(010) 68944437（课件资源服务热线）
网　　址　／　http://www.bitpress.com.cn

版 印 次　／　2024 年 5 月第 1 版第 1 次印刷
印　　刷　／　河北盛世彩捷印刷有限公司
开　　本　／　787 mm×1092 mm　1/16
印　　张　／　13.75
字　　数　／　288 千字
定　　价　／　52.00 元

图书出现印装质量问题，请拨打售后服务热线，负责调换

前　言

运营管理是企业经营管理的重要组成部分，在企业管理中扮演着至关重要的角色。企业的目标是利润的最大化，实现这一目标则依赖于企业的经营管理。无论是传统制造业还是现代服务业，都需要一个高效的运营管理体系来保证企业的正常运转和发展。

运营，泛指将投入转化为产出的过程。运营管理是企业日常管理活动的重要组成部分，是指对运营过程的计划、组织、协调、实施和控制，是与产品生产制造和提供服务过程密切相关的各项管理工作的总称。

本书梳理了企业运营管理的重要知识，提供了学习企业运营管理有效的训练方法。本书的理论知识简明扼要、深度适中，训练方法操作性强、指导性强。

本书由薛欣迪负责大纲设计并统稿，由企业专家张子佳和王飞越负责提供相关案例。本书的作者及分工如下：薛欣迪负责完成模块二和模块三，郗敬华负责完成模块四和模块五，郭琎负责完成模块一和模块六。

在本书的编写过程中，我们参考了大量的著作、论文和企业案例，并吸收了许多专家同人的观点，在此，向本书中所引用和参考的教材、专著、论文等的编者和作者表示诚挚的谢意。本书虽经几次修改，但由于编者能力有限，不足之处在所难免，敬请读者批评指正。

编　者

目录 Contents

模块一　服务基础知识

工作任务一　员工着装规范 …………………………………… 3
工作任务二　微笑礼让顾客 …………………………………… 9
工作任务三　服务话术标准 …………………………………… 15
工作任务四　规范服务行为 …………………………………… 21

模块二　食品安全管理

工作任务一　树立食品安全意识 ……………………………… 29
工作任务二　食品安全环境控制 ……………………………… 37
工作任务三　食品安全设备卫生控制 ………………………… 45
工作任务四　食品安全人员卫生控制 ………………………… 54

模块三　损耗管理

工作任务一　正确订货/生产计划 …………………………… 65
工作任务二　商品入库退库 …………………………………… 72
工作任务三　商品盘点调拨 …………………………………… 80
工作任务四　损耗控制管理 …………………………………… 90

模块四　特许经营体系的建立与运营

工作任务一　特许经营方案规划与设计 ……………………… 101
工作任务二　加盟商模型与全面质量管理 …………………… 109
工作任务三　特许经营项目推广与招商 ……………………… 120
工作任务四　特许经营督导 …………………………………… 133

模块五　特许经营与加盟创业

工作任务一　特许经营项目可行性分析 ……………………… 143
工作任务二　潜在受许人能力分析 …………………………… 152
工作任务三　加盟创业风险控制 ……………………………… 161
工作任务四　特许加盟店开业筹备 …………………………… 175

目录 Contents

模块六　新媒体营销与管理

工作任务一　微博营销 …………………………………………… 187
工作任务二　微信营销 …………………………………………… 193
工作任务三　小红书营销 ………………………………………… 199
工作任务四　抖音短视频营销 …………………………………… 205

参考文献 ………………………………………………………… 211

模块一

服务基础知识

情境导入

一位商人有一批订单，先后去两家公司考察。这两家公司的实力、产品价格、产品质量、售后服务都不相上下，最后商人做出了选择。有人问他：选择的标准是什么？商人回答：是司机的制服。原来两个公司都派了司机接送。其中，一位司机的制服显然已经很久没洗了，连领口都发黑了；另一位司机却穿得干净挺括。商人说："如果连一个司机都能时时保持整洁，那么这个公司的工作效率一定非常高，管理也一定非常好。"可见，个人形象在一定程度上代表着企业形象。

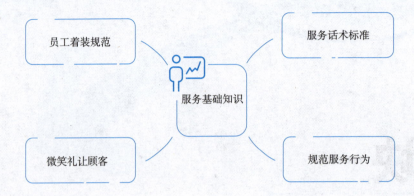

知识目标
1. 掌握员工着装的规范要求；
2. 了解接待顾客的言谈礼仪；
3. 掌握服务顾客的标准话术；
4. 了解待人接物的举止礼仪。

能力目标
1. 能够按照员工着装的规范要求进行着装，提高形象管理能力；
2. 学会微笑礼让顾客，以真心和真情打动顾客；
3. 正确使用服务顾客的标准话术，提高有效沟通能力，顺利完成对顾客服务；
4. 运用待人接物的举止礼仪，塑造良好的职业形象。

素养目标
1. 厚植内在礼仪修养，立德修身；
2. 强化以顾客为中心的理念，树立主动服务意识，打造职业形象。

工作任务一　员工着装规范

课前案例

在某大型企业，为了体现公司形象和员工的专业性，特别规定了在重要场合必须穿着职业装的要求。员工小李在一次重要的商务谈判中，并未按照规范着装，而是穿着破洞的牛仔裤和没有领子的衬衫。虽然他在谈判过程中尽力展现自己的谈判能力，但是给客户留下了不专业的印象，影响了谈判的结果，让公司错失了合作伙伴，影响了公司利益。

任务导入

一个人的形象是自己的个人名片，一个企业员工的形象是企业的名片。个人需要通过着装、妆容等来塑造形象，企业则需要通过员工规范、统一的着装来塑造企业形象，以展示企业良好的文化气质和文化内涵。连锁餐饮企业是多个餐饮实体以全国统一的管理标准，在同一商业形态下从事经营的企业，无论是菜肴品种、环境布置，还是员工的着装要求，都有严格的规范和标准。李雷和韩静是一家连锁餐饮企业新入职的员工，作为连锁餐饮企业的新员工，正式工作前的第一件事就是要穿着符合餐饮行业标准的企业工装。在拿到工装后，李雷和韩静犯了愁，他们小声议论着，这样的工装应该搭配什么颜色的鞋子，什么样的妆容，自己的首饰是否允许佩戴呢？请结合企业所处的行业特点和要求，为这两名新员工设计符合标准的着装和妆容等，帮助他们顺利展示员工形象。

任务分析

规范标准的着装和妆容能给员工一种强烈的心理暗示，提醒员工所处环境是工作环境，必须快速调整到工作状态。员工的着装规范、统一，则给顾客一种严谨、干练之感，能体现一个企业的组织性、纪律性，展现良好的企业形象和优秀的企业文化。对员工的着装和妆容制定具体的要求，能够规范和统一员工的对外形象，提振员工的精气神，增强其团队意识。

任务实施

（1）四人一组，包括2名男生，2名女生。
（2）男生扮演李雷，女生扮演韩静。
（3）为李雷设计符合标准的着装，并针对着装进行详细的讲解，讲解重点为服装的选择、穿着技巧、发型、胡须的处理等方面。

（4）为韩静设计符合标准的着装，并针对着装进行详细的讲解，讲解重点为服装的选择、穿着技巧、发型、妆容、首饰佩戴等方面。

任务总结

着装不仅代表了个人形象，也反映了公司形象，因此员工需要遵守着装规范，树立良好的形象，提高工作效率，确保个人形象与公司形象保持一致。具体来说，员工规范着装需要注意以下内容：

整洁得体：员工应该穿着整洁、得体的服装，以表现出对工作的尊重和重视。

符合职业要求：员工应该根据所从事的职业选择合适的服装，以确保符合行业标准和工作要求。

避免过于个性化：员工应该避免穿着过于个性化的服装，以免影响团队合作和公司形象。

遵循时间要求：员工应该根据工作时间和工作场合选择合适的服装，以确保工作环境的规范性和专业性。

遵守公司规定：员工应该遵守公司规定的着装要求。

知识学习

（1）穿着企业标准工装，工装合体，新旧不混穿，熨烫平整无褶皱，内搭七分袖为白色或肉色。

（2）头巾完全包裹头发，一丝不乱，打啫喱，头发不外露，头巾边缘距眉两指，头巾角放到系扣里。

（3）女性化淡妆，涂口红（如中国红的颜色），长发盘起，发髻与上耳平行，发色发型不怪异，管理组人员佩戴统一头花。

（4）男性面部清爽无胡须，发长前不遮眉，侧在耳上，后不过衣领，涂透明唇油，确保嘴唇不起皮，不允许染怪异发色、留怪异发型。

（5）工牌佩戴于左胸前襟2厘米处（或工装暗线上），与第二颗纽扣平齐，工牌平行不倾斜。

（6）裤子为黑色（红色）工装裤，不允许穿紧腿裤、喇叭裤、牛仔裤、8分裤等，裤脚距地面2厘米。

（7）男性穿黑色皮鞋，女性穿黑色皮鞋或黑色系带鞋，皮鞋锃亮，无花边图案，搭配黑色中筒袜。

（8）指甲长度不得超过指尖2毫米，不允许涂指甲油，前厅人员可佩戴手表，若佩戴耳环之类的饰品，只允许佩戴无钻一体耳钉且耳钉直径小于5毫米，禁止佩戴戒指、手镯等。

（9）管理组人员进入后厨需佩戴围裙。

备注：若进入后厨帮忙或学习，需摘除一切配饰，包括手表、耳钉等，方可接触食品。此规定是为防止异物进入食品，产生食品危机。

 实　　训

根据任务要求，小组成员分工完成任务，并完成实训记录（见表1-1-1和表1-1-2）。

表1-1-1　团队分工

序号	姓名	负责内容	备注
成员1			
成员2			
成员3			
成员4			

表1-1-2　员工着装规范

男员工服装要求：
男员工面部要求：
女员工服装要求：
女员工妆容要求：
员工饰品要求：

根据实训任务考核表(见表1-1-3)及职业道德和能力考核表(见表1-1-4),为小组成员在本任务中的表现评分。

表1-1-3 实训任务考核

任务评估指标	任务评估标准	分值/分	得分
1. 男员工服装	(1) 男员工着装合体,颜色协调,搭配适宜	10	
	(2) 男员工面部清爽,发型标准	10	
	(3) 男员工工牌、胸牌佩戴整齐	10	
2. 女员工服装	(1) 女员工着装合体,颜色协调,搭配适宜	10	
	(2) 女员工妆容干净,发型标准	10	
	(3) 女员工工牌、胸牌佩戴整齐	10	
3. 展示互动	(1) 小组成员互换角色,配合默契	10	
	(2) 积极互动,有效展示	10	
	(3) 掌握知识要点,并能灵活运用	10	
	(4) 能及时发现问题,并能有效解决问题	10	
合计		100	

教师评语:

签字:

年   月   日

学生意见:

签字:

年   月   日

表1-1-4 职业道德和能力考核

职业道德和能力评估指标		考核标准	分值/分	得分
1. 职业道德	纪律性、责任感	小组成员工作纪律性强,具有强烈的道德责任感	10	
	主动性	在小组讨论中表现主动、热情、积极	10	
	任务完成时间	能在规定时间内完成任务,积极演示	10	
	任务态度	现场展示积极认真,态度端正	10	
2. 职业能力	小组合作	小组分工合理,进行角色互换,配合默契	15	
	准备工作	准备工作条理清晰、有序、充分	15	
	解决问题的能力	善于发现问题,并能及时解决问题	15	
	应对突发事件的能力	能灵活运用知识点有效解决突发情况	15	
合计			100	

通过完成本工作任务，我能够做以下总结（见表1-1-5）。

表1-1-5 学生自我学习总结

一、主要知识点
1. 学到的知识点：
2. 自悟的知识点：
二、主要技能
1. 学到的技能：
2. 自悟的技能：
三、取得成果
1.
2.
四、经验和不足
1.
2.

任务拓展

企业没有统一着装要求,请为李雷和韩静设计日常工作的着装。

思考与练习

在商务谈判过程中,你认为选择怎样的服装和发型比较合适?

工作任务二 微笑礼让顾客

课前案例

希尔顿酒店集团的管理之道：微笑的影响力

一个人可以没有资产，可以没有过人的天赋，但只要有信心、有微笑，就有成功的希望。康拉德·希尔顿于1887年出生于美国新墨西哥州，其父去世时，只给年轻的希尔顿留下了2 000美元遗产。希尔顿带上这笔遗产和自己的3 000美元，只身到得克萨斯州买下了他的第一家旅馆。凭借着精准的眼光与良好的管理，希尔顿的资产很快就由5 000美元奇迹般地扩增到5 100万美元。他自豪地把这个好消息告诉了自己的母亲。可他的母亲却意味深长地说："依我看，你和从前根本就没有什么两样，不同的只是你把领带弄脏了一些而已。事实上，你必须把握住比5 100万美元更值钱的东西，除了对顾客诚实之外，还要想办法使每一个住进希尔顿旅馆的人住过了还想再来住，你要想一种简单、容易、不花本钱且行之可久的办法去吸引顾客，这样你的旅馆才有前途！"母亲的话让希尔顿猛然醒悟，自己的旅店确实面临着这样的问题，那么，简单、容易、不花钱且能行之久远的吸引顾客的办法是什么呢？什么东西比5 100万美元更值钱呢？

希尔顿想了又想，始终没有想到一个好的答案。于是，他每天都到商店和旅馆里参观，以顾客的身份来感受一切。最终，他得到了一个答案：微笑服务。于是就有了希尔顿酒店员工的四大信条：微笑、辛勤、信心、眼光。他要求员工，无论如何辛劳都要时刻对顾客保持微笑。事实也证明了，微笑服务助力希尔顿酒店有了更好的发展。

每当希尔顿为旅店增添新的服务设备时，他都要召集员工开会。"现在我们有了一流的设备，如果缺少了微笑服务，那么就好比花园里失去了太阳和春风，没有微笑的服务是没有灵魂的。顾客宁愿选一间残破老旧、充满微笑的旅馆，也不会选择我们设施一流但不见微笑的地方。"

希尔顿酒店凭借着无形的微笑力量，资产从5 000美元发展到数十亿美元。希尔顿的成功就是从微笑服务开始的，他也创造了现代人高品质的"微笑服务"与"微笑文化"。

微笑，是一个人真诚内心的外露，具有难以估量的社会价值，可以创造难以估量的财富。正如卡耐基所说："微笑，它不花费什么，但是创造了许多成果。它丰富了那些接受的人，而又不使给予的人变得贫瘠。它在一刹那间产生，却给人留下永恒的记忆。"

任务导入

一位女顾客来到商场的一家服装店，想为自己买一套适合参加商务活动的衣服，但是她身型偏胖，肤色偏暗，不容易选到合适的套装。这家服装店的销售员为其介绍了适合的款式，并为其挑选了几款上衣，但该顾客试穿后都不是太合身，觉得十分难为情，不想继续试穿。这时销售员面带微笑看着该顾客，真诚地劝说她继续试穿，以打消她心中的顾虑。该顾客再次从试衣间里走出来时，看着镜子里的自己感觉非常满意，立刻买下了身上的这套衣服，并对销售员说："谢谢你，因为你的微笑，让我感受到了亲切和热情，以后我会再来你这里买衣服的。"

任务分析

微笑是世界上最美的语言，它无声，却最能打动人心。每一位顾客都想遇到一个面带微笑、具有亲和力的销售员，而不是面对一副冷冰冰的面孔。所以，销售员在工作中一定要展现自己最真诚的微笑，这样可以在短时间内缩短自己与客户之间的心理距离，使客户产生信任感，从而为销售成功打下基础。在销售过程中，也会遇到顾客在店内张望、招手的情景，或者是在电梯间、卫生间等场所遇到顾客的情况，这时要迅速回应顾客，让顾客优先，让顾客感受到被尊重和礼貌对待，体验到更舒适和更贴心的服务。

任务实施

（1）四人一组，交替扮演销售员和顾客。

（2）顾客在店内招手或者四处张望寻找时，销售员微笑打招呼，举手示意，并主动询问顾客有什么需要。

（3）顾客想要为家人挑选一件生日礼物，销售员引导顾客到产品区进行介绍。

（4）顾客在刚才的产品区没有挑选到心仪的商品，销售员将顾客引导到二楼商品区继续介绍，销售员陪同顾客一起乘坐电梯到二楼。

（5）送顾客出门时，销售员要左右侧身有礼让顾客的动作，酌情微微后退半步或者微微侧身，以手势谦让或指引顾客，可以说"您先请"或"请小心，您先来"。

任务总结

（1）销售员露出真诚微笑，面容安详，嘴角微微上翘，露出上齿的6颗或8颗牙齿；眉梢弯曲，卧蚕微微鼓起；脸部肌肉平缓向上向后舒展。

（2）销售员在举手示意时，应90度弯曲手肘，将手举过头顶，手掌向前，不要握拳。

（3）销售员来到顾客面前，身体前倾约30度，询问顾客需要时，可以说："您好！""您好，有什么需要？""您好，有什么可以帮到您？""您好，马上来。"

（4）为顾客推介产品，并与顾客进行交谈，交谈时可与顾客保持平行或在顾客的前半步处。

（5）得知顾客在本楼层没有心仪商品时，引导顾客到二楼选购，指示方向位置时，应站立，面向顾客，双目注视顾客，并面带微笑。

（6）陪同顾客等候电梯时，在顾客身后75厘米处，礼貌让顾客先进和先出。

知识学习

微课：微笑礼让顾客

（1）微笑：国际标准为3米6齿/3米8齿，即别人离你3米时就可以看到你标准的微笑，面容安详，嘴角微微上翘，露出上齿的6颗或8颗牙齿。

（2）引导顾客选购商品时，须在顾客的右前方1.5~2步距离外。

（3）在指示方向时，手掌心向上，手掌伸平，五指合拢，拇指轻扣食指，前臂与手掌平直，上臂与前臂保持120度夹角，上臂与身体保持30~45度夹角；手掌平移时自然、优雅地带动手臂；身体和头部随手势略向侧移，眼睛随手势移动。

（4）行走时，对迎面而来的顾客须侧身礼让；侧身时与顾客的间距不少于40厘米，并立定于右边礼让；不与顾客争道抢行。

（5）无急事不要超越顾客；因工作需要超越顾客时，须距顾客40厘米以外，于左边超越并向顾客礼貌致谢；不在顾客中间穿越，不在2米内尾随顾客。

实训

根据任务要求，小组成员分工完成任务，并完成实训记录（见表1-2-1和表1-2-2）。

表1-2-1 团队分工

序号	姓名	负责内容	备注
销售员1			
顾客1			
销售员2			
顾客2			

表1-2-2 微笑礼让顾客

销售员看到顾客时：
销售员引导顾客进行选购时：

续表

销售员与顾客相向而行时：
销售员陪同顾客乘坐电梯时：
顾客对销售员的服务做出评价：

根据实训任务考核表（见表1-2-3）及职业道德和能力考核表（见表1-2-4），为小组成员在本任务中的表现评分。

表1-2-3 实训任务考核

任务评估指标	任务评估标准	分值/分	得分
1. 微笑迎接	（1）销售员露出真诚微笑，面容安详，嘴角微微上翘，露出上齿的6颗或8颗牙齿	10	
	（2）眉梢弯曲，卧蚕微微鼓起；脸部肌肉平缓向上向后舒展	10	
	（3）顾客离你3米时就可以看到你的标准微笑	10	
2. 引导礼让	（1）引导顾客选购商品时，与顾客保持合理的距离	10	
	（2）指示方向时，手势标准，头部自然随手势方向移动，手势规范标准	10	
	（3）行走时，能够正确礼让迎面而来的顾客	10	
	（4）因急事需要超越顾客时，礼貌规范	10	
3. 展示互动	（1）小组成员互换角色，配合默契	10	
	（2）积极互动，有效展示	10	
	（3）掌握知识要点，并能灵活运用	10	
合计		100	

续表

教师评语：	
	签字： 年　月　日
学生意见：	
	签字： 年　月　日

表1-2-4　职业道德和能力考核

职业道德和能力评估指标		考核标准	分值/分	得分
1. 职业道德	纪律性、责任感	小组成员工作纪律性强，具有强烈的道德责任感	10	
	主动性	在小组讨论中表现主动、热情、积极	10	
	任务完成时间	能在规定时间内完成任务，积极演示	10	
	任务态度	现场展示积极认真，态度端正	10	
2. 职业能力	小组合作	小组分工合理，进行角色互换，配合默契	15	
	准备工作	准备工作条理清晰、有序、充分	15	
	解决问题的能力	善于发现问题，并能及时解决问题	15	
	应对突发事件的能力	能灵活运用知识点有效解决突发情况	15	
合计			100	

通过完成本工作任务，我能够做以下总结（见表1-2-5）。

表1-2-5　学生自我学习总结

一、主要知识点
1. 学到的知识点：
2. 自悟的知识点：

续表

二、主要技能
1. 学到的技能：   2. 自悟的技能：
三、取得成果
1.   2.
四、经验和不足
1.   2.

任务拓展

日常工作中，在礼让顾客时，可以使用哪些礼貌用语？

思考与练习

你认为微笑礼让顾客会给销售工作带来哪些好处？

工作任务三　服务话术标准

课前案例

　　在一家高级西餐厅，一位顾客点了一份牛排，吃了一口后，皱了皱眉头。服务员小李观察到了顾客的表情，立即主动走到顾客面前，微笑着对顾客说："您好，请问您对牛排有什么不满意的地方吗？"顾客回答："是的，我的牛排吃起来肉质太老，我想换一份烤得嫩一些的。"小李微笑着向顾客解释了原因，并很快安排了一份烤得嫩一些的牛排，微笑着送到顾客面前说："请您尝尝这次的口感。"顾客尝了一口后，终于露出了满意的微笑。在整个服务过程中，小李始终面带微笑，耐心地倾听顾客的需求，及时给予反馈，并积极解决问题。这位顾客就餐结束后，对小李的表现给予了充分肯定，并表达出会再次光临的意愿。

任务导入

　　前台接待小赵当班时接到总经理办公室的电话通知，一会儿有位姓王的先生因为理赔的事情要到前台做登记，让她接待一下。挂断电话后电梯铃响了，两位先生走出电梯向前台走来。小赵连忙迎上前，问走在前面的一位顾客："你好，先生，你姓王吧？"那位先生狠狠地瞪了小赵一眼，不耐烦地回答道："我姓王，不姓'王八'！"小赵立即意识到了自己刚刚说的话有歧义，马上向王先生表示歉意。王先生接着说："我知道，但我就是听得别扭。前几天，我和家人外出用餐，准备离开时，家人去结账，我便先慢慢地往门口走，正要到门口时听到家人向服务员问我的去向，结果服务员回答'他不在了！'听到这话，我十分恼火，什么叫'不在了'！"听完王先生的讲述，小赵特别懊悔，如果自己刚刚这样问："您好，请问哪位是王先生？"误会就不会产生了。

任务分析

　　随着互联网竞争日益激烈，公司产品的标准与差异逐渐缩小，客户服务的重要性显得尤为突出。客户服务工作主要包括售前咨询、售后服务、客户接待、客户投诉、客户满意度、服务态度、与客户的交流方式等。在客户服务中，如何与客户进行畅通的交流是做好客户服务工作的关键。在服务客户的过程中，规范的礼貌用语极为重要，这不但体现了服务人员的个人素质，而且体现了企业的服务水平。有时候，服务人员一句不当的话语会让客人产生不悦或者反感，而规范、灵活、亲切的服务语言，可以让客户有宾至如归之感，体验到无处不在的贴心，使客户产生信赖感，从而有利于加强与客户的沟通，提升客户对企业的满意度。

任务实施

（1）两人一组，分别扮演客户服务人员和客户。

（2）一位来投诉的客户正向公司前台走来，客户服务人员立即起立，礼貌问询。

（3）客户服务人员主动询问客户需求，微笑注视客户，仔细聆听客户需求。

（4）客户表示在购买公司产品后，使用效果不佳。

（5）客户服务人员安抚客户的激动情绪。

（6）待客户情绪平静后，与客户交流并对问题进行核实。

（7）客户表达自己的想法。

（8）客户服务人员对客户的想法或建议做出处理。

（9）客户服务人员争取客户对此次事件的理解。

（10）两人互换角色。

任务总结

（1）客户服务人员在接待客户时，要露出真诚的微笑，面容安详，真诚询问客户需求。

（2）客户服务人员要保持冷静，仔细聆听客户问题。

（3）客户服务人员一边聆听客户问题，一边及时地做好情绪疏导和安慰，平复客户情绪。

（4）客户服务人员能够站在客户的立场做进一步沟通和交流，争取应答的时间。

（5）客户服务人员礼貌并诚恳地接受客户的意见。

（6）客户服务人员争取客户的理解。

知识学习

（1）开头语：先生/女士，很高兴为您服务。/您好，请问您有什么需要帮助？

（2）核实确认问题：不好意思，请问您刚刚表述的意思是××，对吗？/您可能理解错我的意思了，请允许我再解释一下。/请问这个问题您希望得到××的解决吗？/请您方便说一下具体情况吗？我记录后尽快联系。

（3）安抚客户：我非常理解您的心情。/我理解您为什么会生气，换成是我也会跟您有一样的感受。/请您不要着急，我非常理解您的心情，我们一定会竭尽全力为您解决的。/如果我遇到您这种情况，也会有您现在这样的心情。/发生这样的事，给您带来不便了。/我非常理解您的心情，请您放心，我们一定会给您一个满意的答复。/请您先消消气，给我几分钟时间向您说明原因可以吗？/不好意思，我们出现这样的失误，非常抱歉。/您说得很有道理，我也有同样的感受。

（4）客户表达自己的想法后：别着急，请您慢慢讲，我一定会尽力帮助您的。/您是我们的客户，能够让您满意，是我们应该做的。/非常感谢您提供给我们的宝贵建议，有您这样的客户是我们公司的荣幸。/您的建议非常好，我很认同。/这次给您添麻烦了，我们也很不好意思，我们会将您的情况反馈给相关部门，尽可能避免这类问题再次出现。/非常抱歉，给您造成不便，出现这个情况肯定是某个环节出现了问题，您放心，如果确实是我们公司的问题，我们一定会帮您解决。

（5）客户抱怨或不满的情况：这可能是我们工作人员的失误，请您放心，我们一定会给您一个满意的处理结果。/非常抱歉，给您造成不便，请您稍等，我会立刻将您的问题向有关部门反馈，并在第一时间给您回复。/可能我刚才的表述不太清楚，请允许我再向您解释一下。

（6）争取客户理解：您能否再重复一下您的问题。/我觉得您可能是误会我们了。/可能是我没解释清楚，让您误解了。/您看是不是可以这样……/我知道您一定会谅解的。/请您放心，如果确实是我们的问题造成的，我们一定会给您一个满意的答复。

根据任务要求，小组成员分工完成任务，并完成实训记录（见表1-3-1和表1-3-2）。

表1-3-1　团队分工

扮演角色	姓名	负责内容	备注
销售员1			
顾客1			
销售员2			
顾客2			

表1-3-2　服务话术标准

礼貌问候顾客的服务语言：
向顾客核实并确认问题的服务语言：

续表

安抚顾客情绪的服务语言：
争取顾客理解的服务语言：
顾客对销售员的服务做出评价：

根据实训任务考核表（见表1-3-3）及职业道德和能力考核表（见表1-3-4），为小组成员在本任务中的表现评分。

表1-3-3　实训任务考核

任务评估指标	任务评估标准	分值/分	得分
1. 接待顾客	（1）面带微笑，面容安详	10	
	（2）礼貌问候，真诚询问顾客需求	10	
	（3）沉着冷静，仔细聆听顾客问题	10	
2. 与顾客沟通	（1）向顾客核实确认问题时态度真诚，语言礼貌得体	10	
	（2）安抚顾客情绪时，能体现较好的共情能力	10	
	（3）能有效应对顾客的不满情绪	10	
	（4）赢得顾客理解	10	
3. 展示互动	（1）小组成员互换角色，配合默契	10	
	（2）积极互动，有效展示	10	
	（3）掌握知识要点，并能灵活运用	10	
合计		100	

教师评语：
签字： 年　月　日
学生意见：
签字： 年　月　日

表1-3-4 职业道德和能力考核

职业道德和能力评估指标		考核标准	分值/分	得分
1. 职业道德	纪律性、责任感	小组成员工作纪律性强,具有强烈的道德责任感	10	
	主动性	在小组讨论中表现主动、热情、积极	10	
	任务完成时间	能在规定时间内完成任务,积极演示	10	
	任务态度	现场展示积极认真,态度端正	10	
2. 职业能力	小组合作	小组分工合理,进行角色互换,配合默契	15	
	准备工作	准备工作条理清晰、有序、充分	15	
	解决问题的能力	善于发现问题,并能及时解决问题	15	
	应对突发事件的能力	能灵活运用知识点有效解决突发情况	15	
合计			100	

通过完成本工作任务,我能够做以下总结(见表1-3-5)。

表1-3-5 学生自我学习总结

一、主要知识点
1. 学到的知识点:
2. 自悟的知识点:
二、主要技能
1. 学到的技能:
2. 自悟的技能:

续表

三、取得成果
1. 2.
四、经验和不足
1. 2.

任务拓展

在客户服务过程中,哪些语言是禁止使用的?

思考与练习

如何才能使客户服务用语表达起来不生硬,让客户真正感受到被尊重和理解?

工作任务四　规范服务行为

课前案例

在高铁站，一位年迈的老人丢失了身份证，他焦急地四处张望着。这时，高铁站的一位工作人员发现了这位乘客，他立即走到该乘客面前，身体稍微前倾、微笑着耐心地询问该乘客是否需要帮助。在得知该乘客丢失身份证时，他迅速做出反应，引导该乘客补办身份证，并协助该乘客办理临时身份证。当这位工作人员将临时身份证双手递到该乘客手里时，这位年迈的乘客无比感激。这位工作人员还温馨地提醒该乘客，在到达目的地后，要及时到当地派出所办理新的身份证，以保障出行安全和便利。

任务导入

周五上午，来公司的客户不是很多，刚刚入职的公司前台小王悠闲地坐在椅子上，小王环顾四周没有人，就跷着二郎腿，刷着短视频。正看得入迷时，小王听见砰砰敲桌子的声音。小王吓了一跳，抬头一看，是一位40多岁的男士，他穿着一件普通的蓝色衬衫，手里拿着牛皮纸袋，看起来很焦急的样子。小王有点不高兴，心想：“这人真没礼貌，连句话都不说，就知道敲桌子！”小王一肚子不满，仍然坐在椅子上，面无表情地说：“你有什么事？"来人说：“请问营销部李总监在吗？我有着急的事儿要当面跟他说。"小王不耐烦地问：“有预约吗？"这位男士回答：“没有，但是真的很着急。"小王见状解释道：“有预约才行。"然后就递给对方一张预约单，冷冷地说：“先填预约单，不然我也没办法。"这位男士还想再询问，结果看到小王冷冷的脸，无奈只能低头填写预约单。填好预约单后，小王说：“等电话吧。”之后就自顾自地忙起来。直到李总监从办公室匆匆出来，到这位男士面前不停地解释和道歉，小王才知道原来这位男士是公司的贵客，这是他第一次来公司考察。小王后悔不已，但为时已晚。如果你是小王，你会怎样做呢？

任务分析

前台服务是指公司员工在前台接待处为访客提供问询、引导等服务。前台是一个公司的门面，也是外来访客对公司产生第一印象的地方，其服务水平直接影响着客户的满意度和公司的形象。当客户进入公司时，前台的一句亲切问候能立刻拉近与客户的距离，让其减少陌生感，也能让后续的服务更加轻松。在为客户服务时，要注重服务细节。在迎接客户、回复问询、递接物品、引导方向和送别客户时，要运用正确的肢体动作和服务语言，规范服务行为，给客户带来温暖舒心的服务体验。

任务实施

（1）两人一组，分别扮演前台接待人员和访客。

（2）看到访客正往公司前台走来，前台接待人员立即起立，微笑打招呼。

（3）前台接待主动询问访客需求，微笑注视访客，仔细聆听访客需求。

（4）访客告知自己是经朋友推介来面见营销部李总监，因事情比较着急，没有来得及提前预约。

（5）前台接待人员让访客稍作等待并给访客递送水杯。

（6）通过电话联系到李总监，说明情况后，得到李总监同意面见的回应。

（7）前台接待人员告知访客沟通结果，并请访客填写访客记录单。

（8）访客填写记录单后，递给前台接待人员。

（9）前台接待人员接过访客记录单，引导访客至李总监办公室。

任务总结

在当今竞争激烈的市场环境下，企业的服务质量直接关系到客户的满意度和忠诚度。员工在服务过程中通过标准化的服务行为，能够提供真正令客户赞叹的服务体验，使客户满意度不断提升，从而提高公司的服务品质，增强公司的核心竞争力。在服务过程中，员工应始终保持友善、热情和耐心的服务态度，对待客户要诚恳、尊重，不得有任何傲慢、冷漠或不耐烦的行为；关注客户需求，积极提供超出客户期望的服务，努力提升客户满意度。

知识学习

（1）前台接待人员露出真诚微笑，面容安详，嘴角微微上翘，露出上齿的6颗或者8颗牙齿。

（2）前台接待人员站立时，上身要挺直，两臂稍弯曲，肘部朝外，避免倚靠在前台上。

（3）前台接待人员面对访客时，身体应前倾约30度，询问访客需要时，可以说：您好，有什么可以帮到您？

（4）与访客进行交谈时，微笑注视访客，并保持恰当距离。

（5）在指示方向时，手掌心向上，手掌伸平，五指合拢，拇指轻扣食指；前臂与手掌平直，上臂与前臂保持120度夹角，上臂与身体保持30~45度夹角；手掌平移时，自然、优雅地带动手臂；身体和头部随手势略向侧移，眼睛随手势移动。

（6）前台接待人员在递物时，应为访客留出便于接取物品的空间，不要让对方感到物时无从下手；递接物品时，要用双手递接，如不方便双手并用时，应尽量用右手。

(7) 为访客拿取水杯时,切记不要把手指搭在杯、碟盘边沿,更不可无意之间使手指浸泡在水中。

(8) 将带有文字的物品递交给他人时,须使物品正面朝向对方。

根据任务要求,小组成员分工完成任务,并完成实训记录(见表1-4-1和表1-4-2)。

表1-4-1 团队分工

	姓名	负责内容	备注
前台接待1			
访客1			
前台接待2			
访客2			

表1-4-2 规范服务行为

前台接待人员的面部表情:
前台接待人员的站姿要点:
前台接待人员面对访客询问的体态和语言:
前台接待人员接拿物品时的注意事项:
访客对前台接待人员的工作做出评价:

根据实训任务考核表(见表1-4-3)及职业道德和能力考核表(见表1-4-4),为小组成员在本任务中的表现评分。

表1-4-3 实训任务考核

任务评估指标	任务评估标准	分值/分	得分
1. 接待访客	(1) 面带微笑,面容安详	10	
	(2) 礼貌问候,真诚询问访客需求	10	
	(3) 沉着冷静,仔细聆听访客问题	10	
2. 与顾客沟通	(1) 向访客核实确认问题时态度真诚,语言礼貌得体	10	
	(2) 安抚访客情绪时,有效应对访客不满情绪	10	
	(3) 礼貌规范地接拿物品	10	
	(4) 为访客引路、指示的动作标准	10	
3. 展示互动	(1) 小组成员互换角色,配合默契	10	
	(2) 积极互动,有效展示	10	
	(3) 掌握知识要点,并能灵活运用	10	
合计		100	
教师评语: 签字: 年 月 日			
学生意见: 签字: 年 月 日			

表1-4-4 职业道德和能力考核

职业道德和能力评估指标		考核标准	分值/分	得分
1. 职业道德	纪律性、责任感	小组成员工作纪律性强,具有强烈的道德责任感	10	
	主动性	在小组讨论中表现主动、热情、积极	10	
	任务完成时间	能在规定时间内完成任务,积极演示	10	
	任务态度	现场展示积极认真,态度端正	10	
2. 职业能力	小组合作	小组分工合理,进行角色互换,配合默契	15	
	准备工作	准备工作条理清晰、有序、充分	15	
	解决问题的能力	善于发现问题,并能及时解决问题	15	
	应对突发事件的能力	能灵活运用知识点有效解决突发情况	15	
合计			100	

通过完成本工作任务，我能够做以下总结（见表1-4-5）。

表1-4-5　学生自我学习总结

一、主要知识点
1. 学到的知识点：   2. 自悟的知识点：
二、主要技能
1. 学到的技能：   2. 自悟的技能：
三、取得成果
1.   2.
四、经验和不足
1.   2.

任务拓展

在前台接待工作中,如果遇到访客所找的人不在时,应如何处理呢?

思考与练习

你认为在日常工作中重视服务行为的原因是什么?

模块二
食品安全管理

 情境导入

民以食为天,食以安为先。这句话告诉我们,食品安全在生活中至关重要。食品安全不仅关系到人们的身体健康和生命安全,还关系到经济健康发展和社会稳定。目前,我国食品安全形势仍不容乐观,食品安全已成为社会关注的焦点问题。

随着人们对餐饮品质的要求越来越高,如何确保餐饮服务的品质成为一个关键问题。从餐厅环境到食品安全,多方面的细节都可能影响顾客的用餐体验和品牌形象。确保餐饮服务品质,从而提高顾客满意度和品牌竞争力,是连锁餐饮企业必须思考并且必须做好的事情。

知识目标

1. 了解企业食品安全的概念和重要性；
2. 掌握食品安全问题的分类；
3. 了解加工经营环境的常见危害因素；
4. 掌握加工经营环境的控制标准；
5. 掌握餐饮企业设备卫生清洁标准；
6. 了解餐饮企业设备卫生管理制度；
7. 掌握餐饮人员卫生标准；
8. 了解餐饮人员卫生控制制度。

能力目标

1. 能树立食品安全意识，宣传食品安全理念；
2. 能对门店的食品安全环境进行控制；
3. 能对门店的食品安全设备卫生进行控制；
4. 能对门店的食品安全人员卫生进行控制。

素养目标

1. 养成勤于动手和动脑的习惯；
2. 培养与人沟通的能力和团队协作意识；
3. 培养质量意识和效率意识；
4. 培养服务意识；
5. 培养安全责任意识；
6. 培养创新意识。

工作任务一 树立食品安全意识

课前案例

广东曝光多家腌制菜厂生产过程和环境脏乱差

2023年3月15日,"知名橄榄菜企业生产环境触目惊心""汕头再现工人赤脚踩腌菜"等话题登上微博热搜,引发网友关注。

据悉,2023年3月14日晚,有媒体曝光了广东汕头市一些腌制菜厂的生产过程和生产环境脏乱差,令人触目惊心;多家企业的产品存在"二氧化硫残留检测超标"的情况。

视频显示,潮汕知名酸咸菜厂家汕头市龙湖区外砂锦桂果蔬腌制厂的工人穿雨鞋踩进腌制坑,向腌制坑吐白色异物。还有一些腌制菜厂工人边抽烟边处理酸菜,掉在地上的酸菜也直接被扔进箱子。在南社村的一家食品公司,工人直接赤脚踩在南姜上,而这些南姜将被用于增加酸咸菜的风味。

此外,潮汕地区知名的佐餐小菜、酸咸菜延伸的特色品种"橄榄菜"也未能幸免。视频中还曝光了汕头市知名橄榄菜品牌"玉蕾"的生产制作环境脏乱差。视频显示,路边堆放的菜叶中,混杂着一次性饭盒、烟头和塑料袋,不少菜叶已经发黑,苍蝇乱飞。然而,这堆垃圾菜叶,却是制作橄榄菜的原料,接下来它们可能将经过二次加工,摇身一变成为包装精美的橄榄菜流入市场。

思考:
(1) 食品安全对企业自身的重要性有哪些?
(2) 食品安全对消费者的行为有哪些影响?
(3) 食品安全对社会的影响有哪些?

任务导入

李雷和韩静是一家连锁餐饮企业新入职的员工,请结合企业所处的行业特点和要求,带领他们学习食品安全知识和制度,帮助其树立食品安全意识。

任务分析

食品安全是连锁餐饮企业的生命线,想要保障食品安全,企业员工要坚决树立食品安全意识,明确食品安全标准,清楚食品安全的红线和底线,并在门店运营中落实好食品安全的每日自检。企业也应定期进行监督考核,双管齐下,才能更好地保证食品安全。

任务实施

请全班学生分小组选择企业食品安全的典型案例并填写企业调研表（见表2-1-1），同时对案例进行介绍，可分别从正反两方面选取案例进行介绍，在介绍过程中重点讲解食品安全的红线、底线和标准。

表2-1-1　企业调研

调研企业	正面/反面案例	案例介绍	案例总结

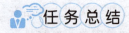

根据任务实施情况，完成组员表现考核表（见表2-1-2）。

表2-1-2 组员表现考核

评价指标	分值/分	组员自评（30%）	组内互评（40%）	教师评分（30%）	最终得分
态度	20				
技能	25				
效率	25				
课程素养	10				
团队合作	20				
总分					

得分说明：将每项得分记入得分栏，然后将各单项分值合计计算出本实训项目总得分。得分在90～100分为优秀，75～89分为良好，60～74分为合格，低于60分为不合格，必须重新训练。

 知识学习

微课：认识食品安全

一、食品安全的概念

食品安全是指食品无毒、无害，符合应当的营养要求，对人体健康不造成任何急性、亚急性或者慢性危害。

食品安全的概念有三个层次。

第一层，食品数量安全。即一个国家或地区能够生产人民基本生存所需的膳食需要。食品数量安全要求人们既能买得到又能买得起生存生活所需要的基本食品。

第二层，食品质量安全。即提供的食品在营养、卫生方面满足和保障人群的健康需要。食品质量安全涉及食物污染、食物毒性、添加剂是否违规超标、标签是否规范等问题，这些问题需要在食品受到污染界限之前采取措施，以预防食品被污染或遭遇主要危害因素侵袭。

第三层，食品可持续安全。这是从发展的角度要求食品的获取需要注重生态环境的良好保护和资源利用的可持续性。

由于本文是从企业运营的角度来看企业的食品安全问题，因此，主要从食品质量安全的角度对食品安全进行考虑。

二、食品安全的重要性

食品安全影响着每个人的日常生活和身体健康。近年来随着重大食品安全问题不断被爆出，食品安全成为人们关注的焦点。消费者在选择食品时也越来越谨慎。从苏丹红到三聚氰胺，从滥用抗生素到瘦肉精问题，尽管政府和企业从未停止在食品安全和防止食源性疾病方面的努力，但是食品安全问题似乎从未消失。

为确保国内的食品安全和品质，有关部门颁布并更新了众多与餐饮服务相关的法律法规，如表2-1-3所示。

表2-1-3 食品安全相关法律法规

序号	名称	备注
1	《中华人民共和国食品安全法》	2021年4月第二次修正
2	《餐饮服务食品安全操作规范》	2018年10月修订
3	《网络餐饮服务食品安全监督管理办法》	2018年1月1日起实施
4	《网络食品安全违法行为查处办法》	2016年10月1日起实施
5	《餐饮服务食品采购索证索票管理规定》	2011年8月1日起施行
6	《餐饮服务食品安全监督管理办法》	2010年5月1日起施行
7	《食品经营许可和备案管理办法》	2023年12月1日起施行
8	《餐饮服务单位食品安全管理人员培训管理办法》	2011年7月1日起实施

三、食品安全问题

食品安全是企业的生命线，食品安全问题不仅造成消费者身体和心理的损害，也会影响企业的声誉和信誉，企业管理者必须高度重视食品安全问题。那么，食品安全问题是如何产生的呢？

1. 食品安全问题分类

食品安全问题按照污染物的类型可以分为物理性污染、化学性污染和生物性污染。

（1）物理性污染。

任何在食品中发现的不正常的、有潜在危害的外来异物均属于物理性污染。

（2）化学性污染。

化学性污染是指化学试剂和制剂造成的环境污染，如农药的残留、化肥的过量使用、生长素的滥用、非食品添加剂和化工制品的不合理使用或超标准使用等引起的污染问题。

（3）生物性污染。

生物性污染是指食品受到细菌及其毒素、霉菌及其毒素、病毒、寄生虫及其虫卵的污染。其中，食物受细菌及其毒素污染最常见，致病菌会引起急性中毒，如致病性大肠杆菌、肉毒毒素等都会造成食物中毒。非致病菌一般不会引起疾病，但常常是导致食品腐败的主要原因。

细菌污染是最常见的生物性污染，全世界所有食源性疾病暴发案例中，有60%以上为细菌性致病菌污染食物所致。

2. 认识细菌

食源性疾病是指由食品中的各种致病因子经摄食进入人体引起的感染性或中毒性疾病。由致病菌引起的食源性疾病以消化系统疾病为主，就是人们常说的"上吐下泻"。那么，导致食源性疾病的因素有哪些呢？

(1) 沙门氏菌。

沙门氏菌病是指由各种类型的沙门氏菌引起的对人类、家畜以及野生禽兽不同类型的疾病的总称。沙门氏菌是一种常见的食源性致病菌，据统计在世界各国的细菌性食物中毒中，沙门氏菌引起的食物中毒常列榜首。我国内陆地区的食物中毒原因也以沙门氏菌为首位。

吃了冰箱里生熟混放的肉或喝了未经高温消毒的牛奶后拉肚子，很可能是感染了沙门氏菌。这种致病菌会污染肉、蛋、奶、蔬菜，甚至花生酱等食物。小孩（5岁以下的儿童）、老年人、孕妇是沙门氏菌的易感人群。

(2) 金黄色葡萄球菌。

金黄色葡萄球菌也称金葡菌，隶属于葡萄球菌属，是革兰氏阳性菌代表，为一种常见的食源性致病微生物。该菌最适宜的生长温度为37℃，pH值为7.4，耐高盐，可在盐浓度接近10%的环境中生长。

金黄色葡萄球菌常寄生在人和动物的皮肤、鼻腔、咽喉、肠胃、痈、化脓疮口中。这种细菌对高温有一定的耐受能力，在80℃以上的高温环境下30分钟才可以将其彻底杀死。

(3) 致病性大肠杆菌。

大肠杆菌有致病性和非致病性之分。非致病性大肠杆菌是肠道正常寄居菌，致病性大肠杆菌则会引起食物中毒。

土壤、水源受粪便污染后，可能带有致病性大肠杆菌，婴儿易被感染。带菌食品由于加热不彻底，或因生熟交叉污染和熟后污染，会引起食物中毒。

3. 食品污染来源

(1) 物理性污染。

有的物理性污染物可能并不威胁消费者的健康，但是严重影响了食品应有的感官性状和（或）营养价值，主要有：①来自食品产、储、运、销过程中的污染物，如粮食收割时混入的草籽、液体食品容器中的杂物、食品运销过程中的灰尘等；②食品的掺杂作假，如粮食中掺入的沙石、肉中注入的水、奶粉中掺入大量的糖等；③食品的放射性污染，主要是放射性物质的开采、冶炼、生产、应用及意外事故造成的污染。

(2) 化学性污染。

食品化学性污染涉及范围较广，情况也较复杂，主要包括：①生产、生活和环境中的污染物，如农药、兽药、有毒金属、多环芳烃化合物、N-亚硝基化合物、杂环胺、二噁英、三氯丙醇等；②食品容器、包装材料、运输工具等接触食品时溶入食品中的有害物质；③滥用食品添加剂；④在食品加工、储存过程中产生的物质，如酒中有害的醇类、醛类等；⑤掺假、制假过程中加入的物质，如掺在辣椒粉中的化学染料苏丹红。

(3) 生物性污染。

食品的生物性污染包括微生物、寄生虫及昆虫的污染。微生物污染主要有细菌与细菌毒素、霉菌与霉菌毒素以及病毒等的污染。出现在食品中的细菌除了可引起食物中毒、人畜共患传染病等的致病菌外，还包括能引起食品腐败变质并可作为食品受到污染标志的非致病菌。病毒污染主要包括肝炎病毒、脊髓灰质炎病毒和口蹄疫病毒等污染，其他病毒一般不易在食品上繁殖。寄生虫及其虫卵主要是通过病人、病畜的粪便直接污染食品或通过水体和土壤间接污染食品。昆虫污染主要包括粮食中的甲虫、螨类、蛾类以及动物食品和发酵食品中的蝇、蛆等污染。

4. 常见食品安全问题

（1）用非食品原料生产的食品或者添加了食品添加剂以外的化学物质的食品，或者用回收食品作为原料生产的食品。

（2）致病性微生物、农药残留、兽药残留、重金属、污染物质以及其他危害人体健康的物质含量超过食品安全标准限量的食品。

（3）营养成分不符合食品安全标准的专供婴幼儿和其他特定人群的主辅食品。

（4）腐败变质、油脂酸败、霉变生虫、污秽不洁、混有异物、掺假掺杂或者感官性状异常的食品。

（5）病死、毒死或者死因不明的禽、畜、兽、水产动物肉类及其制品。

（6）未经动物卫生监督机构检疫或者检疫不合格的肉类，未经检验或者检验不合格的肉类制品。

（7）被包装材料、容器、运输工具等污染的食品。

（8）超过保质期的食品。

（9）无标签的预包装食品。

（10）国家为防病等特殊需要明令禁止生产经营的食品。

（11）其他不符合食品安全标准或者要求的食品。

实 训

根据任务要求，小组成员分工完成任务，并完成实训记录（见表2-1-4）。

表2-1-4 团队分工

序号	姓名	负责内容	备注
成员1			
成员2			
成员3			
成员4			

根据职业道德和能力考核表（见表2-1-5），为小组成员在本任务中的表现评分。

表2-1-5　职业道德和能力考核

职业道德和能力评估指标		考核标准	分值/分	得分
1. 职业道德	纪律性、责任感	小组成员工作纪律性强，具有强烈的道德责任感	10	
	主动性	在小组讨论中表现主动、热情、积极	10	
	任务完成时间	能在规定时间内完成任务，积极演示	10	
	任务态度	现场展示积极认真，态度端正	10	
2. 职业能力	小组合作	小组分工合理，进行角色互换，配合默契	15	
	准备工作	准备工作条理清晰、有序、充分	15	
	解决问题的能力	善于发现问题，并能及时解决问题	15	
	应对突发事件的能力	能灵活运用知识点有效解决突发情况	15	
合计			100	

通过完成本工作任务，我能够做以下总结（见表2-1-6）。

表2-1-6　学生自我学习总结

一、主要知识点
1. 学到的知识点：
2. 自悟的知识点：
二、主要技能
1. 学到的技能：
2. 自悟的技能：
三、取得成果
1.
2.

续表

四、经验和不足
1.
2.

任务拓展

请向身边的朋友、亲人等宣传食品安全知识。

思考与练习

作为餐饮企业的一员，你认为应该怎样把食品安全意识落到实处？

工作任务二　食品安全环境控制

课前案例

人均 600 元高档餐厅后厨被曝光，环境脏乱差

近日，一段关于广东一家人均 600 多元的高档餐厅后厨卫生状况的视频在网络上广泛传播。视频显示，该餐厅后厨的卫生状况相当糟糕，垃圾桶没有盖子，旁边还堆放着一些菜品和碗。据点评平台显示，该餐厅的星级评分为 3.6，人均消费高达 647 元。这一事件引发了公众对高档餐厅后厨卫生问题的关注。

7 月 31 日，深圳市市场监督管理局南山监管局对涉事餐饮门店进行了突击检查，发现该餐厅的餐饮从业人员没有有效的健康证明。此外，厨房垃圾桶没有盖子，排水管道盖板存在较大缝隙，三防设施不完善。蔬菜、肉类和水产没有独立的专用清洗池，洗菜池和洗碗池混用。还有一些已经加工好的食材存放在不属于厨房区域的楼梯间。冰箱内生熟食材混放，部分半成品未贴标签，存在较大的食品安全隐患。

思考：
（1）为什么要注重餐饮环境卫生？
（2）餐厅经营者如何提高用餐环境的卫生标准？

任务导入

李雷和韩静是一家连锁餐饮企业新入职的员工，请结合企业所处的行业特点和要求，带领他们了解并掌握企业环境卫生控制的内容。

任务分析

卫生是餐厅赖以生存的基本条件。若不注意餐厅卫生，不仅会影响顾客的健康，甚至负面影响可能波及整个社会。餐厅卫生问题的严重性及重要性，是每个餐厅经营者都不能轻视的。顾客对餐厅的首要要求就是卫生环境，然后是食品营养均衡，以及食品的色、香、味、型等。为顾客提供合乎卫生标准的食品是餐厅的重要职责。对于餐厅本身来说，质量是生命，创新是血液，卫生则是最基本的条件。顾客到餐厅用餐，最关心的问题就是食品等的卫生安全，餐厅经营者想赢得广大顾客的信赖，首先要维护顾客的人身利益，保证生产销售的食品干净卫生、安全可靠，不会给顾客带来任何不安全因素。

任务实施

请全班学生分小组到餐饮企业进行调研并完成企业调研表（见表 2-2-1）。调研时选择企业环境控制方面正面和反面两个案例进行对比介绍，正面案例主要介绍企业在环境控制方面做得好的地方，反面案例主要介绍企业在环境控制中的不足及可能造成的危害。

表 2-2-1 企业调研

调研企业	正面/反面案例	案例介绍	案例总结

任务总结

根据任务实施情况，完成组员表现考核表（见表 2-2-2）。

表 2-2-2 组员表现考核

评价指标	分值/分	组员自评（30%）	组内互评（40%）	教师评分（30%）	最终得分
态度	20				
技能	25				
效率	25				
课程素养	10				
团队合作	20				
总分					

得分说明：将每项得分记入得分栏，然后将各单项分值合计计算出本实训项目总得分。得分在90~100分为优秀，75~89分为良好，60~74分为合格，低于60分为不合格，必须重新训练。

一、环境控制的重要性

良好的加工经营环境是确保食品安全的基础。环境的好坏直接决定食品的安全水平。环境污染不仅会直接影响产品的质量，更会危害消费者的身体健康，甚至造成急性中毒或者慢性危害。

二、加工经营环境的分类

门店的加工经营环境可大致分为三类，包括食品处理区、非食品处理区和就餐区。

1. 食品处理区

食品处理区是指食品的粗加工、专间、主厨房和前餐区场所，为清洁操作区。清洁操作区是指为防止食品被环境污染，对清洁要求较高的操作场所，包括专间、备餐场所。

（1）专间：指处理或短时间存放直接入口食品的专用操作间，包括水果间等。

（2）主厨房场所：指对经过粗加工、切配的原料或半成品进行煎、炸、烤、烘及其他热加工处理的操作场所。

2. 非食品处理区

非食品处理区是指食品库房、餐用具的清洗消毒和保洁场所等区域，为准清洁操作区。准清洁操作区是指清洁要求次于清洁操作区的操作场所，包括库房、餐用具保洁场所。

（1）餐用具保洁场所：指对经清洗消毒后的餐用具和接触直接入口食品的工具、容器进行存放并保持清洁的场所。

（2）食品库房：指专门用于储藏、存放食品原辅料的场所。

3. 就餐区

就餐区是指供消费者就餐的场所，但不包括供就餐者使用的厕所、门厅、大堂休息厅等辅助就餐的场所。

三、加工经营环境常见危害因素

在餐饮企业的加工经营环境中，鼠害、虫害是最常见的危害因素，鼠害、虫害的污染速度快、污染程度高，给消费者带来了严重的健康问题，还可能会造成食品污染、食品中毒、病毒传播、财产损失、餐饮企业商誉受损等不良影响，因此，正确认识鼠害、虫害并进行合理的鼠害、虫害管理成为食品安全的重要任务。

1. 门店常见鼠害

门店常见鼠害有小家鼠、黄胸鼠和褐家鼠（见表2-2-3）。

表2-2-3 门店常见鼠害

学名	小家鼠	黄胸鼠	褐家鼠
图例			
体长/体重	1~10厘米，14~28克	16~20厘米，约220克	18~25厘米，约340克
尾部特征	尾长>体长	尾长>体长	尾长<体长
活动范围	活动范围靠近孳生点	常于天花板活动	常于地沟中活动
常见入侵方式	被动入侵，被携带进入	多为主动入侵	多为主动入侵

鼠害控制措施：
（1）检查进入物品是否携带（小）老鼠。
（2）保持清洁，减少老鼠食物来源。
（3）保持门户关闭，封堵孔洞缝隙，防止老鼠入侵。
（4）定期清理杂物，减少老鼠隐匿可能。
（5）请专业虫害管理公司提供建议。

2. 门店常见虫害——蟑螂

门店常见蟑螂有德国小蠊和美洲大蠊（见表2-2-4）。

表2-2-4 门店常见蟑螂

学名	德国小蠊	美洲大蠊
图例		
成虫体长	1~2厘米	2~4厘米
虫体颜色	褐色	红褐色
栖息场所	厨房、仓库、食品加工区	垃圾堆、下水道
入侵方式	被动入侵，被携带进入	主动入侵
平均寿命	100天	365天

蟑螂控制措施：
（1）检查进入物品是否携带蟑螂。
（2）保持清洁，减少蟑螂食物来源。
（3）封堵缝隙，减少蟑螂藏身之处。
（4）保持地漏U形管满水，降低蟑螂由此入侵的可能性。
（5）及时联系虫害公司提供建议。

3. 门店常见虫害——飞虫

门店常见的飞虫有蛾蠓、果蝇和蚤蝇（见表2-2-5）。

表 2-2-5　门店常见飞虫

学名	蛾蠓	果蝇	蚤蝇
图例			

飞虫控制措施：
（1）保持餐厅环境干净。
（2）定期检查设施（如灭蝇灯、风幕机等）。
（3）如发现飞虫，及时通知虫害公司进行处理。

四、加工经营环境控制标准

（1）环境卫生整洁。
①无积灰、蛛网，无卫生死角，无杂物堆放。
②墙壁、天花板、地面、用具、操作台保持清洁，地面无积水，上下水通畅。
③垃圾桶、泔水桶加盖密闭，及时清运。
④设置灭鼠毒饵站，阴沟、下水道、墙壁通风口设有防鼠网，门、窗达到防鼠要求。
⑤生产间及库房设有鼠笼、鼠夹等工具，并投放到位。
⑥保持室内无蝇、鼠、蟑及鼠迹、蟑迹。
⑦设有水冲式厕所，经常打扫，定期消杀，做到清洁卫生，无蝇、无蛆、无臭。
⑧垃圾实行袋装化、密闭化管理，日产日清，无蝇蛆。
⑨店内的生产场所和餐厅有防蝇、防尘设施和灭蝇灯（防蝇防尘设施指纱门、纱窗、纱罩、暗道、风幕、竹帘、塑料帘等），防蝇设施应完好无破损。

（2）污水管道必须与城市污水管网相连接，污水排入城市管网前，应采取隔油、残渣过滤等设施，符合城市排污管网进入标准。不得将残渣废物直接排入城市排污管网。

（3）食品储存器具、餐具、容器、加工工具等设备、设施须符合食品卫生要求。消毒间、冷荤间、粗加工间、库房、卫生间及垃圾收集、存储设施等布局合理，符合卫生要求。

五、加工经营环境管理措施

（1）实行"四定"办法，即定人、定物、定时间、定质量，实施划片、分工、包干负责制。
（2）室内外保持整洁，要坚持每餐一小扫，一周一大扫的清扫制度，餐厅、操作间、出售间、饭箱做到落手清，保持整洁无害（指无蟑螂、无苍蝇、无老鼠、无蜘蛛）。
（3）所有原物料的外包装材料，须统一集中处理，有利资源进行二次利用，不能利用的须投放到指定垃圾箱内。堆放物品要条理整齐，空罐、空箱、空缸底朝天放置，沟渠要做到畅通无洼坑、无积水、无垃圾、无杂物。

（4）仓库物品堆放时离地离墙要大于10厘米，分类整齐，要有灭害措施。

（5）按季节落实灭害措施，由专人负责定期喷洒除害药物，摆置灭蝇笼，消除蚊蝇孳生地。

（6）办公室、更衣室做到地洁、窗明，橱柜摆放整齐，办公用品放置合理。更衣室内的工作衣裤挂置要有条理，日常用具摆放整齐。

（7）水池里的废弃物必须捞出，不能随下水道排放。作业现场加工结束后，废弃物必须立即装入垃圾袋，扎好袋口并投到指定的垃圾箱内。

（8）所有泔脚、废弃物每班清理，必须做到班班清，日日清。

根据任务要求，小组成员分工完成任务，并完成实训记录（见表2-2-6）。

表2-2-6　团队分工

序号	姓名	负责内容	备注
成员1			
成员2			
成员3			
成员4			

根据职业道德和能力考核表（见表2-2-7），为小组成员在本任务中的表现评分。

表2-2-7　职业道德和能力考核

职业道德和能力评估指标		考核标准	分值/分	得分
1. 职业道德	纪律性、责任感	小组成员工作纪律性强，具有强烈的道德责任感	10	
	主动性	在小组讨论中表现主动、热情、积极	10	
	任务完成时间	能在规定时间内完成任务，积极演示	10	
	任务态度	现场展示积极认真，态度端正	10	
2. 职业能力	小组合作	小组分工合理，进行角色互换，配合默契	15	
	准备工作	准备工作条理清晰、有序、充分	15	
	解决问题的能力	善于发现问题，并能及时解决问题	15	
	应对突发事件的能力	能灵活运用知识点有效解决突发情况	15	
合计			100	

通过完成本工作任务，我能够做以下总结（见表2-2-8）。

表 2-2-8　学生自我学习总结

一、主要知识点
1. 学到的知识点：   2. 自悟的知识点：
二、主要技能
1. 学到的技能：   2. 自悟的技能：
三、取得成果
1.   2.
四、经验和不足
1.   2.

任务拓展

请参考表2-2-9为企业设计一份环境卫生控制自测表。

表2-2-9 环境卫生控制自测

检查区域	序号	检测项目	检测标准	检查情况	赋分标准	得分

思考与练习

你认为在家庭生活环境中应怎么样做好食品安全环境控制？

工作任务三　食品安全设备卫生控制

课前案例

"小肥羊"的卫生黑幕事件
——"小肥羊"餐具不消毒　地上敲骨直接扔汤锅

记者在卧底过程中发现,小肥羊广州小北店在操作过程及食品卫生方面有许多不规范的行为和诸多问题。

报道称,该店洗碗机清洗后的餐具仍然有油污、食物残渣等黏附在上面,非常显眼。而餐具经过洗碗机,其实只是高温开水冲刷,并没有紫外线消毒等过程。对还留有明显油污和残余物的餐具,厨房员工也仅是用手套将其抹干净,并没有其他清洗和消毒过程。

报道中还提到,有的员工前一刻刚刚手握抹布擦桌子,后一刻马上开始刨肉卷、做手工丸子。而为了让服务员将菜准确送到顾客餐桌,厨房员工就直接将传菜单用夹子夹住扔进菜里,根本不顾是刚做出来的面包甜品,还是羊肉卷。

此外,厨房员工在熬制牛骨头汤时,由于骨头太大,竟直接将牛骨头放到地面上用铁锤敲碎,然后未经清洗便加水熬汤。

思考:
（1）卫生黑幕事件造成了哪些不良影响?
（2）设备卫生控制的重要性有哪些?

任务导入

李雷和韩静是一家连锁餐饮企业新入职的员工,请结合企业所处的行业特点和要求,带领他们熟悉并掌握企业设备卫生控制的内容。

任务分析

在世界日益重视健康和安全的趋势下,消费者对饮食卫生的关注程度也越来越高。在餐厅卫生标准中,厨房设备的卫生是一个关键指标,它与创设健康安全的工作环境和提供高质量的食物息息相关,厨房设备卫生检查也是评价餐饮从业者提供餐饮服务质量的重要标准之一,因此,餐饮企业管理人员必须采取措施,确保每个设备的卫生达到标准。

任务实施

请全班学生分小组到餐饮企业调研并完成企业调研表（见表2-3-1）。调研时选择企业设备卫生控制方面正面和反面两个案例进行对比介绍，正面案例主要介绍企业在设备卫生控制方面做得好的地方，反面案例主要介绍企业在设备卫生控制中的不足及可能造成的危害。

表2-3-1　企业调研

调研企业	正面/反面案例	案例介绍	案例总结

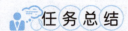
任务总结

根据任务实施情况，完成组员表现考核表（见表2-3-2）。

表 2–3–2 组员表现考核

评价指标	分值/分	组员自评（30%）	组内互评（40%）	教师评分（30%）	最终得分
态度	20				
技能	25				
效率	25				
课程素养	10				
团队合作	20				
总分					

得分说明：将每项得分记入得分栏，然后将各单项分值合计计算出本实训项目总得分。得分在 90~100 分为优秀，75~89 分为良好，60~74 分为合格，低于 60 分为不合格，必须重新训练。

知识学习

一、设备卫生控制的重要性

良好的厨房设备卫生对保障顾客的健康非常关键。如果厨房设备不符合卫生标准，可能会滋生细菌和病毒，这些细菌和病毒在食物中扩散，可能导致食物中毒。发生食物中毒不仅会影响人们的健康，还会影响餐饮企业的声誉和经济收益。在现代社会，卫生不合格的餐厅被曝光，会给顾客留下不好的印象，甚至会给企业的声誉造成重大损害。

检查厨房设备卫生还可以减少食品浪费和降低管理成本。良好的卫生可以保持设备的完好，延长设备的使用寿命，还可以节约维护设备的时间和资金。通过设备的清洁和维护，食品的质量得到提高，从而可以减少食品浪费的情况，从而减少成本支出。

二、餐饮企业设备的分类

（1）厨房设备：包括灶具、冰箱、电磁炉、蒸箱、烤箱、油炸机、蒸饭机、切菜机等。

（2）餐具：包括餐盘、碗、筷子、勺、杯子、酒具等。

（3）座位设备：包括餐桌、餐椅、沙发等。

（4）音响设备：用于播放音乐或公告的设备，包括音响、扬声器等。

（5）空调设备：用于调节室内温度和湿度的设备，包括中央空调、分体空调、柜式空调等。

（6）照明设备：用于照明的设备，包括吊灯、壁灯、台灯等。

（7）餐饮销售设备：包括电子点餐机、收银机、餐桌号码牌、支付终端等。

（8）环保设施：包括油烟净化设备、废物处理设备等。

三、餐饮企业设备卫生清洁标准（见表2-3-3）

表2-3-3　餐饮企业设备卫生清洁标准

清洁内容	清洁工具	清洁方法	实例
锅	白色清洁布、水垢清洁剂（白醋）、喷壶、清水	1. 白醋放入锅中，盖盖，浸泡5分钟后加入凉水，用白色清洁布擦拭干净； 2. 用喷壶喷上食品级水垢清洁剂后静置30秒，使用白色清洁布擦拭干净后用清水冲洗。每日闭店时消毒；保持不锈钢本色，无油垢	
锅盖	白色清洁布、缝隙清洁刷、牙签、洗洁精	1. 将锅盖放入水池内加入清水和洗洁精用白色清洁布清洗，锅盖边沿处用牙签或缝隙清洁刷清洗； 2. 清洗完流动的清水洗净，消毒。保证锅盖干净光亮，内圈无明显油渍，禁止在锅盖上放物品	
工器具	白色清洁布、清洁剂、百洁布	1. 白色清洁布加清洁剂清洗工器具，再用流动的水冲洗干净，最后用白色清洁布擦净并消毒； 2. 保证勺子、笊篱、密笊篱不锈钢面干净白亮、无油渍、无锈渍	
计时器	白色清洁布、保鲜膜	1. 计时器内外无灰尘、无水渍、无油渍，外包防水膜无油渍、无破损； 2. 每日根据使用情况更换计时器外的保鲜膜	
架子	白色清洁布、洗洁精、不锈钢膏、百洁布	1. 用打湿的白色清洁布将架子表面的尘土擦拭干净； 2. 架子表面涂抹不锈钢膏后静置10分钟，用百洁布摩擦表面后用白色清洁布反复擦拭直至钢面白亮； 3. 架子干净、整洁、无油渍、无杂物堆积	

续表

清洁内容	清洁工具	清洁方法	实例
水池	洗洁精、蓝边清洁布、百洁布	无杂物，随手清洁，无油污，水流通畅	
墙面、地面	蓝边清洁布、洗洁精、拖布	1. 饭后清理地面，确保地面无积水、无杂物、无油垢； 2. 距地面10厘米以上的墙面用蓝边清洁布擦拭，确保墙面无油污、无灰尘、无蜘蛛网	
出餐口托盘	白色清洁布	无杂物，无油垢，无积水，随手清洁	
吧铃	白色清洁布、牙签	干净光亮，无油渍，无污渍	
地漏	蓝边清洁布	1. 用蓝边清洁布在流动的水中擦拭； 2. 干净，无杂物，无油垢、无异味	
排烟罩	清洁剂、百洁布、蓝边清洁布、红色胶皮手套、不锈钢膏	1. 用清洁剂均匀喷洒排烟罩表面，然后用百洁布擦拭表面的灰尘、油渍； 2. 用不锈钢膏擦拭排烟罩表面，再用蓝边清洁布将不锈钢膏擦拭干净，保证不锈钢表面光滑，保持本色	

四、餐饮企业设备卫生管理制度

（1）食品处理区应按照原料进入、原料处理、半成品加工、成品供应的流程合理布局设备、设施，防止在操作中产生交叉污染。

（2）配备与生产经营的食品品种、数量相适应的消毒、更衣、盥洗、采光、照明、通风、防腐、防尘、防蝇、防鼠、防虫、洗涤以及处理废水、存放垃圾和废弃物的设备或设施，主要设施宜采用不锈钢，以便维修和清洁。

（3）有效消除老鼠、蟑螂、苍蝇和其他有害昆虫及其孳生条件。加工与用餐场所的所有出入口设置纱门、纱窗、门帘或空气幕，如是木门，则在下端设金属防鼠板，排水沟、排气、排油烟出入口应有网眼孔径小于6毫米的防鼠金属隔栅或网罩；距地面2米高度处可设置灭蝇设施；采取有效的"除四害"消杀措施。

（4）配置方便从业人员使用的洗手设施，附近设置相应的清洗、消毒用品、干手设施和洗手消毒方法标识。宜采用脚踏式、肘动式或感应式等非手动式开关或可自动关闭的开关，宜提供温水。

（5）食品处理区应采用机械排风、空调等设施，保持良好通风，及时排除潮湿和污浊空气。采用空调设施进行通风的，就餐场所的空气应符合要求。

（6）用于加工、储存食品的工用具、容器或包装材料和设备应当符合食品安全标准，无异味、耐腐蚀、不易发霉。食品接触面原则上不得使用木质材料（工艺要求必须使用的除外），必须使用木质材料的工具，应保证其不会对食品造成污染；加工直接入口食品时宜采用塑胶型切配板。

（7）各功能区和食品原料、半成品、成品操作台、刀具、砧板等工用具，应分开存放使用，并有明显标识。

（8）储存、运输食品应采用符合食品安全要求的设备、设施，配备专用车辆和密闭容器，远程运输食品应使用符合要求的专用封闭式冷藏（保温）车。每次运输前应对设备和车辆进行有效的清洗消毒，不得将食品与有毒、有害物品一同运输。

（9）应当定期维护食品加工、储存、陈列、消毒、保洁、保温、冷藏、冷冻等设备与设施，及时清理清洗，必要时消毒，校验计量器具，确保正常运转和使用。

五、企业设备卫生清洁自测表样例（见表2-3-4）

表2-3-4　企业设备卫生清洁自测项目

项目	标准要求	操作方法	备注
工器具清洗消毒	冰箱内结霜厚度不超过5毫米	用尺子测量，冰箱内的5个不同位置的白霜，2处以上超过5毫米判为不合格	
	每月对冰箱进行彻底消毒，并填写消毒记录	1. 取出冰箱中所有物品，去除表面白霜，并擦拭干净； 2. 将75%的酒精装于喷壶中，向冰箱内壁喷洒，边喷洒边擦拭，待酒精味散去即消毒完成	

续表

项目	标准要求	操作方法	备注
工器具清洗消毒	生熟菜品所使用的砧板，每周消毒一次	砧板清洗干净后，用酒精均匀喷洒于表面，待酒精味散去即消毒完成	
	拌制菜品的工具要专用，且整点消毒一次	每个菜品及饮品配备一个独立的搅拌器具，浸泡在96~100℃的开水中，每个整点更换一次水，不按要求操作者判为不合格	
	盛装调料的工器具及量勺、刀具每晚闭店前消毒一次	将容器内剩余调料转移，工器具刷洗干净后置于96~100℃的开水中，水量需没过容器，未按要求操作者判为不合格	
	店内盛装物品的白色大、小整理箱，每周消毒一次	大、小整理箱清洗干净后，用酒精边喷洒边擦拭，待酒精味散去即消毒完成	
	店内任意处要求使用完整清洁布，不允许剪开使用	检查后厨餐厅所使用的清洁布	
	清洁布需按颜色进行严格区分	白色清洁布：餐具；蓝边清洁布：工器具及工作台	
	各颜色清洁布要随手清洗，保持洁净，每晚闭店后清洗并消毒	清洁布清洗后置于消毒水中进行消毒，不同颜色清洁布应分开消毒，第二天早上取出使用	
	餐具清洗要彻底，白色区域不允许有发黄现象，标识位置无污渍	除正常清洗外，店内可自设时间对某类餐具进行彻底清洗，并按照餐具清洗的具体要求进行彻底清洗	
	餐具清洗、消毒完毕后，需洗净双手将餐具放于指定位置	餐具清洗、消毒完毕后，需脱掉清洗时佩戴的黄手套，洗净双手将餐具送至指定位置，不允许碰触餐具与食品接触的位置	

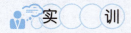

根据任务要求，小组成员分工完成任务，并完成实训记录（见表2-3-5）。

表2-3-5 团队分工

序号	姓名	负责内容	备注
成员1			
成员2			
成员3			
成员4			

根据职业道德和能力考核表（见表2-3-6），为小组成员在本任务中的表现评分。

表2-3-6 职业道德和能力考核

职业道德和能力评估指标		考核标准	分值/分	得分
1. 职业道德	纪律性、责任感	小组成员工作纪律性强，具有强烈的道德责任感	10	
	主动性	在小组讨论中表现主动、热情、积极	10	
	任务完成时间	能在规定时间内完成任务，积极演示	10	
	任务态度	现场展示积极认真，态度端正	10	
2. 职业能力	小组合作	小组分工合理，角色互换，配合默契	15	
	准备工作	准备工作条理清晰、有序、充分	15	
	解决问题的能力	善于发现问题，并能及时解决问题	15	
	应对突发事件的能力	能灵活运用知识点有效解决突发情况	15	
合计			100	

通过完成本工作任务，我能够做以下总结（见表2-3-7）。

表2-3-7 学生自我学习总结

一、主要知识点
1. 学到的知识点：   2. 自悟的知识点：
二、主要技能
1. 学到的技能：   2. 自悟的技能：

续表

三、取得成果
1.   2.
四、经验和不足
1.   2.

任务拓展

请向身边的朋友、亲人等普及餐饮设备清洁的重要性和方法。

思考与练习

在家庭生活环境中,你认为应该怎样做好食品安全设备卫生控制?

工作任务四　食品安全人员卫生控制

课前案例

9月3日下午2时45分，某市卫生局接到该市某医院打来的电话，称他们区一所学校有100余名学生发生集体食物中毒，正在该院救治。市卫生局当即派人前往调查处理，对中毒学生和救治医师进行了询问，并制作了询问笔录，并对现场制作了现场检查笔录和卫生监督意见书，同时根据现场流行病学调查采集了相应的样品，确定了该起食物中毒事件的原因餐次和原因食品。据此，该市卫生局对该校分别下达了《行政处罚听政告知书》和《卫生行政处罚决定书》。

9月3日下午3时，卫生监督人员对该学校食堂进行监督检查，发现该食堂已取得卫生许可证，食堂共有四名工作人员，其中一名从业人员未取得健康证，且该从业人员左手无名指及大拇指各有一个0.5厘米的伤口，无名指的伤口红肿且有脓液，食堂操作台上有一个大铝盆内盛有约5公斤米饭，货架上搁着剩余的烧土豆块、烧南瓜片等食物各一盆。卫生监督人员对剩余的饭菜和肉馅及四名从业人员的手指进行了采样，检出蜡样芽孢杆菌。根据流行病学调查、现场卫生学调查、实验室检查结果，市卫生局确定了该起食物中毒的原因餐次及原因食品，并对本次造成食物中毒事件的违法行为，按照《中华人民共和国食品卫生法》的有关规定实施行政处罚。

思考：
（1）对企业从业人员进行食品安全卫生控制的重要性有哪些？
（2）企业应该如何对从业人员进行食品安全卫生控制？

任务导入

李雷和韩静是一家连锁餐饮企业新入职的员工，请结合企业所处的行业特点和要求，带领他们熟悉并掌握企业人员卫生控制的内容。

任务分析

在世界日益重视健康和安全的趋势下，消费者对饮食卫生的关注度越来越高。人体是一种常见的污染来源，在食品加工操作流程中的许多环节，食品操作人员都有可能污染食品。因此，从业人员保持良好的个人卫生是防止食品受到污染的重要内容。

任务实施

请全班学生分小组到餐饮企业调研并完成企业调研表(见表2-4-1)。调研时选择企业人员卫生控制方面正面和反面两个案例进行对比介绍,正面案例主要介绍企业在人员卫生控制方面做得好的地方,反面案例主要介绍企业在人员卫生控制中的不足及可能产生的危害。

表2-4-1 企业调研

调研企业	正面/反面案例	案例介绍	案例总结

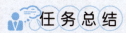

任务总结

根据任务实施情况,完成组员表现考核表(见表2-4-2)。

表2-4-2 组员表现考核

评价指标	分值/分	组员自评（30%）	组内互评（40%）	教师评分（30%）	最终得分
态度	20				
技能	25				
效率	25				
课程素养	10				
团队合作	20				
总分					

得分说明：将每项得分记入得分栏，然后将各单项分值合计计算出本实训项目总得分。得分在90~100分为优秀，75~89分为良好，60~74分为合格，低于60分为不合格，必须重新训练。

 知识学习

一、餐饮企业员工卫生控制的重要性

近年来，我国餐饮业整体卫生状况虽然得到不断改善，但实际问题依然突出，其中，餐饮企业员工的卫生问题应予以充分重视。加强餐饮企业员工的卫生管理工作是把住"病从口入"关的重要一环。许多传染病，如伤寒、痢疾、病毒性肝炎、结核病和某些寄生虫病等，往往通过不健康的员工污染食品而引起。因此，餐饮企业员工卫生工作的好坏，直接影响就餐者的身体健康，餐饮企业必须采取措施控制其员工的卫生。

二、餐饮企业员工卫生标准

1. 手部卫生清洁

餐饮企业员工应按照"六步洗手法"对手部进行清洁（见图2-4-1）。

（1）掌心相对，手指并拢相互搓擦。

（2）手心对手背，沿指缝互相搓擦。

（3）掌心相对，双手交叉沿指缝相互搓擦。

（4）一手握另一手大拇指，旋转搓擦。

（5）弯曲各手指关节，在另一手掌心旋转搓擦。

（6）搓洗手腕，并交换进行。

2. 发型卫生标准

（1）男性员工发型。

①男性员工头发长度不能超过3厘米。

②发型必须整齐划一，不允许被分层或打薄。

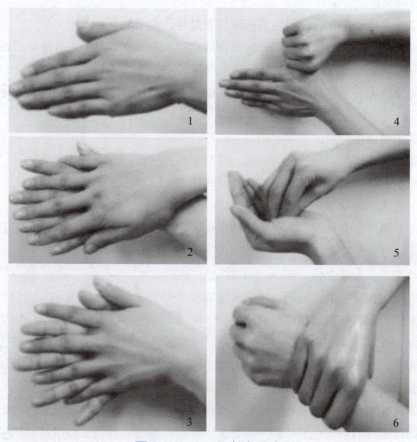

图 2-4-1　六步洗手法

③不允许对头发进行染色或漂白。
④不允许将头发扎成辫子或做其他个性化发型。
⑤沿着头发自然生长的方向进行梳理,不能有任何刘海。
(2) 女性员工发型。
①女性员工的发型必须整齐利落,且保持清洁。
②不允许使用过多的发夹或发卡。
③发型不能超过颈部背后的脊柱,也不能超过脸颊的轮廓。
④发色须是典雅的自然色彩,不能染太过鲜艳的颜色。
⑤不允许做较大的卷发造型。
⑥须选择可以维持状态的发型,不能是需要经常梳理或定型的发型。

三、餐饮企业员工卫生控制制度

1. 员工健康检查管理

(1) 餐厅员工必须持有效健康证,方可上岗。
(2) 餐厅所有从业人员必须进行健康检查。健康检查分为新进员工健康检查与员工定期健康检查两类。

（3）应聘人员必须在餐厅指定的医院检查身体，合格后方可录用。

（4）在职员工每年由餐厅组织一次身体健康检查，凡发现员工患有传染病或不适合工作岗位的疾病，餐厅应视情况调整岗位或予以辞退。

（5）健康档案管理员每月对餐厅员工的健康证进行核对，发现过期、无效证件应及时报告主管安排员工体检。

（6）员工的体检费用由餐厅承担。

（7）餐厅应建立员工职业健康档案，按规定妥善保管。

（8）员工有权查阅、复印本人的职业健康档案。

2. 员工个人卫生管理

（1）员工应严格遵守国家有关的法律法规及餐厅卫生管理规定，执行餐厅卫生操作规程，养成良好的卫生习惯。

（2）员工工作服应合体、干净、无破损。

（3）厨师工作时应戴正发帽，将头发梳理整齐并置于帽内。

（4）工作前后、处理食品原料前后、大小便后、清洁卫生后都要用流动的清水洗手，保持双手的洁净。厨房员工只要离开过厨房，回来后一定要先洗手消毒。厨房员工每隔一小时应洗手一次。厨房员工不得面对食物或烹饪用器具说话、咳嗽、打喷嚏，如有特殊情况，打喷嚏时要背向食物并用手帕或卫生纸罩住口鼻，随即洗手。

（5）不可在工作场所内吸烟、饮食、嚼槟榔、嚼口香糖，以免造成食物污染。

（6）岗前不饮酒、不吃异味较大的食品，如葱、蒜等，保持口腔清洁，用餐后要刷牙或漱口。要勤洗澡、更衣，勤理发、洗头、修面，勤剪指甲，勤洗手。

（7）发型大方，男员工不留长发，女员工长发应盘起来；不留长指甲；不随地吐痰。

（8）厨房员工如患疾病，应及时向主管报告，主管应立刻安排其休息或者带其前往医院检查。需要报告的疾病包括：呼吸系统的任何疾病，如感冒、咽喉炎、扁桃体炎、支气管疾病和肺部疾病等；肠疾，如腹泻等；任何皮肤发疹、生疖等疾病；受伤情况，包括被刀或其他利器划破和烧伤等。厨房员工手部有创伤、脓肿时应更换工作范围，不可烹饪食物或接触食物。

（9）患有痢疾、伤寒、病毒性肝炎、活动性肺结核、化脓性或渗出性皮肤病等五种疾病以及其他有碍公共卫生疾病的员工，治愈前不得上岗。

3. 员工操作卫生管理

（1）员工必须严格执行餐厅的服务规范，为顾客提供优质服务。

（2）主管应及时督导员工按规范要求进行服务操作。

（3）端送食物时要用托盘，并且避免用手直接接触食物或盛放食物的器皿内缘。

（4）不可用手直接抓取食物，必须用手操作时，须戴一次性手套。品尝食物要使用清洁的汤匙；准备食物时尽可能使用各种器皿用具，例如用夹子、匙、叉等来取冰块、馅料、面包等。

（5）工作时不能把双手插在裤子口袋里。
（6）工作时不能用手摸头发、抠耳朵。
（7）不可在工作场所内吸烟、饮食、嚼口香糖，非必要时不互相交谈。
（8）不使用破裂器皿。

四、餐饮企业员工卫生清洁自测表样例（见表2-4-3）

表2-4-3　餐饮企业员工卫生清洁自测

项目	标准要求	操作方法	备注
员工健康卫生	指甲短、洁，且没有涂指甲油	从手背看，指甲露白部分不得超过2毫米	
	不允许佩戴任何首饰	随时检查厨房员工是否佩戴首饰	
	正确处理手部伤口	1. 于伤口处贴店内统一品牌创可贴，并佩戴一次性手套； 2. 结痂伤口可直接佩戴一次性手套； 3. 如伤口在手套以上，可以直接贴创可贴； 4. 未按以上要求操作者判为不合格	
	厨房员工如厕前需脱掉围裙、摘掉帽子		
	员工进入厨房之前必须按照正确的洗手、消毒程序进行洗消	通过监控抽查厨房员工	

实　训

根据任务要求，小组成员分工完成任务，并完成实训记录（见表2-4-4）。

表2-4-4　团队分工

序号	姓名	负责内容	备注
成员1			
成员2			
成员3			
成员4			

根据职业道德和能力考核表（见表2-4-5），为小组成员在本任务中的表现评分。

表 2-4-5　职业道德和能力考核

职业道德和能力评估指标		考核标准	分值/分	得分
1. 职业道德	纪律性、责任感	小组成员工作纪律性强，具有强烈的道德责任感	10	
	主动性	在小组讨论中表现主动、热情、积极	10	
	任务完成时间	能在规定时间内完成任务，积极演示	10	
	任务态度	现场展示积极认真，态度端正	10	
2. 职业能力	小组合作	小组分工合理，进行角色互换，配合默契	15	
	准备工作	准备工作条理清晰、有序、充分	15	
	解决问题的能力	善于发现问题，并能及时解决问题	15	
	应对突发事件的能力	能灵活运用知识点有效解决突发情况	15	
合计			100	

通过完成本工作任务，我能够做以下总结（见表 2-4-6）。

表 2-4-6　学生自我学习总结

一、主要知识点
1. 学到的知识点：
2. 自悟的知识点：
二、主要技能
1. 学到的技能：
2. 自悟的技能：
三、取得成果
1.
2.

续表

四、经验和不足
1.
2.

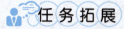

任务拓展

请向身边的朋友、亲人等宣传"六步洗手法"。

思考与练习

在进行社会交际与提供各种礼仪服务时,你认为应该怎样进行个人卫生管理?

模块三

损耗管理

 情境导入

近年来，我国餐饮业发展迅速。随着一批洋快餐的进入，一种新的餐饮经营模式——连锁经营，逐步受到广大从业者的关注。连锁经营改变了传统的小生产经营方式，有效降低了经营成本，扩大了市场占有率，给企业带来了巨大的规模效益，国内连锁餐饮业在这一背景下蓬勃发展起来。

餐饮损耗管理是餐饮经营管理的重要内容，由于餐饮的成本结构制约着餐饮产品的价格，而餐饮产品的价格又影响着餐厅的经营和上座率，因此，餐饮成本控制是餐饮经营的关键。在餐饮经营中，保持或降低餐饮成本中的经营费用，尽量提高食品原材料成本的比例，使餐饮产品的价格和质量更符合市场要求、更具竞争力，是保证餐饮企业经营效益、增强其竞争力的有效措施。

本模块内容结构

学习目标

知识目标

1. 了解商品的订货流程；
2. 掌握商品的订货方法；
3. 掌握商品验收入库流程；
4. 了解商品仓储流程；
5. 掌握盘点的工作流程；
6. 掌握调拨的工作流程；
7. 了解损耗的产生原因及控制方法；
8. 了解控制损耗的管理措施。

能力目标

1. 能订购门店所需的商品；
2. 能进行门店商品的入库退库；
3. 能进行门店商品的盘点调拨；
4. 能进行门店商品的损耗控制。

素养目标

1. 养成勤于动手和动脑的习惯；
2. 培养与人沟通和团队协作的意识；
3. 培养质量意识和效率意识；
4. 培养服务意识；
5. 培养安全责任意识；
6. 培养创新意识。

工作任务一　正确订货/生产计划

课前案例

　　假设金龙鱼色拉油5升装食用油计划做一次为期14天的降价促销活动，促销时段从12月8日开始至12月21日截止。

　　在与供应商签订的促销协议中制定了一个促销目标，即在促销期内，该商品的销量比平常增加300%。为了弥补超市在促销中的毛利损失和促销后的商品处理，供应商同意供货特价日期是12月4—24日。此时报表数据显示，截至12月3日晚上，门店库存为200桶，日均销量为20桶。

思考：
门店需要订购多少桶食用油，才能顺利满足该商品的促销目标？

任务导入

　　李雷和韩静是一家连锁企业新入职的员工，请结合企业所处的行业特点和要求，带领他们学习正确制订生产计划和订货的工作内容。

任务分析

　　在现代商业运作中，订货是一个至关重要的环节。正确的订货决策、合理的订货时机、稳定的供应商关系、对品质的把控、较强的市场竞争意识以及及时的反馈与调整，都是订货成功的关键。订货决策作为企业供应链管理的重要组成部分，直接影响着企业的利润和客户满意度。

任务实施

　　请全班学生按照教师要求，分小组搜集企业的经营数据，利用不同的商品订货方法，计算出企业订购量，并做出正确的订货决策。

任务总结

　　根据任务实施情况，完成组员表现考核表（见表3-1-1）。

表 3-1-1 组员表现考核

评价指标	分值/分	组员自评（30%）	组内互评（40%）	教师评分（30%）	最终得分
态度	20				
技能	25				
效率	25				
课程素养	10				
团队合作	20				
总分					

得分说明：将每项得分记入得分栏，然后将各单项分值合计计算出本实训项目总得分。得分在 90~100 分为优秀，75~89 分为良好，60~74 分为合格，低于 60 分为不合格，必须重新训练。

一、生产计划

1. 生产计划概述

（1）生产的概念。

生产是将投入转化为产出的活动，或是将生产要素进行组合以制造产品的活动。

（2）生产计划的概念。

生产计划是企业对生产任务做出统筹安排，具体拟订生产产品的品种、数量、质量和进度的计划。生产计划是企业经营计划的重要组成部分，是企业进行生产管理的重要依据。

2. 生产计划流程

生产计划流程，是指从需求（客户订单与需求预测），到订货、生产计划，再到生产，最后到满足客户需求的整体流程。

生产计划流程有五步，即需求管理、生产计划制订、生产订单下达、生产进度跟踪、入库。

（1）需求管理。

需求管理是生产计划的起点，其核心任务是收集需要生产的产品或服务的需求并分类整理。这里的需求来源包括市场需求、销售部门的预测、客户定制需求、公司内部的物资需求等。

在需求管理中，最关键的一环是需求的分类和优先级设置。在需要同时生产多种产品或服务时，需求的分类和优先级设置可以帮助企业根据不同产品或服务的需求程度对生产进行合理安排，避免发生资源浪费和产品滞销的情况。

(2) 生产计划制订。

生产计划制订是根据需求和资源情况制订生产计划，以保证生产效率和质量。在这一环节中，需要考虑的问题包括生产能力、产能分配、物料投放时间及数量、订单交付时间等。

在生产计划制订中，为避免不必要的浪费和不必要的停产时间，企业还要考虑生产批次的大小、生产流程等因素。

(3) 生产订单下达。

生产订单下达是将制订好的生产计划转换为具体的生产订单实施的过程。在这一过程中，需要明确订单的生产内容、生产时间、生产数量等信息，还需要对质量检测、物料投放、车间安排等各类活动进行协调和控制。

在生产订单下达的过程中，需要有效的信息反馈机制，以便及时响应和处理生产过程中出现的问题和变化。

(4) 生产进度跟踪。

生产进度跟踪是对生产实施过程进行管理和监督的过程。在这一过程中，企业需要快速响应生产过程中出现的问题和变化，及时修改生产计划和指导生产。

在生产进度跟踪中，企业需要明确生产进度指标、监控生产工艺参数、采集生产数据、分析生产效果等，以确保生产计划能够按时按量完成。

(5) 入库。

在商品入库时，采购人员应及时验收商品，并且核对凭证，确认无误后才能允许产品入库。

二、订货

1. 商品订货流程

商品是企业的生命体，商品的进销存循环顺畅，生意自然兴旺。商品的进货与存货是销售的基础，直接影响企业的经营绩效。

采购人员引进新厂商的步骤如下：

(1) 采购人员首先主动询价、约见厂商。
(2) 与厂商会谈，建立厂商资料档案并进行初步报价。
(3) 选择商品、看样。
(4) 进行市场调查，再次和厂商议价。
(5) 正式确认商品。
(6) 签订合同。
(7) 将厂商资料及商品资料输入电脑。
(8) 由业务主管再次确认订购商品，通知供货商。
(9) 收货后由采购人员追踪商品销量。

一般来说，采购人员负责制订采购计划，同时负责查看库存及销售状况。所以，采购人员应随时关注商品的库存数量及销售状况。

2. 商品订货方法

（1）定量订货法。

①概念。

当库存下降到预定的最低库存数量（订货点）时，按照规定数量（经济订货批量）进行订货补充的一种库存管理方式。

②特点。

订货点与订货批量固定。

③计算公式。

$$\text{订货点} = \text{提前期需要量} + \text{安全库存量} \quad (3-1-1)$$

$$\text{提前期需要量} = \text{平均提前期} \times \text{平均日需要量} \quad (3-1-2)$$

$$\text{安全库存量} = (\text{预计日最大消耗量} - \text{平均日需要量}) \times \text{平均提前期} \quad (3-1-3)$$

[例1] 一企业某种物资的订购批量为2 000个，平均提前期为10天，平均日需要量为50个，预计日最大消耗量为80个，求订货点库存量。

解：安全库存量 = (80 - 50) × 10 = 300（个）

订货点库存量 = 50 × 10 + 300 = 800（个）

④优缺点。

优点：能及时掌握库存储备状态，及时提出订购需求，不易出现缺货情况；保险储备量较少；每次订货量固定，故能采用经济订购批量模型，亦便于包装、运输和保管作业。

缺点：订购时间不稳定，难以编制严密的采购计划；不能享受多种物质合并订购的便利；必须不断核查仓库的库存量。

（2）定期订货法。

①概念。

每隔固定的时间，周期性地检查库存项目的储备量，并根据盘点结果与预定的目标库存水平的差额确定每次的订购批量。

②特点。

盘点时间和订购时间固定。

③计算公式。

$$\text{订货量} = \text{订购周期需要量} + \text{安全库存量} - \text{现有库存量} - \text{已定未交量} \quad (3-1-4)$$

$$\text{订购周期} = \text{订货间隔期} + \text{提前期} \quad (3-1-5)$$

式（3-1-4）和式（3-1-5）中，现有库存量为提出订购时盘点的实际库存量，已定未交量为已经订购，并预计在本订购周期到货的期货数量。

[例2] 某企业某种物资的经济订购批量为750吨，订购间隔期为30天，订货提前期为10天，平均每日正常需求量为25吨，预计日最大消耗量为40吨，订购日的实际库存量为600吨，订货余额为0，求订货量。

解：订购量 = 25 × (10 + 30) + (40 - 25) × 10 - 600 - 0 = 550（吨）

④优缺点。

优点：由于是定期订购，可以将多种物品合并订购，从而降低订货和运输的费用；由于是多种物品一起订购，可以编制较为实用的采购计划。

缺点：不易利用经济订购批量模型，故储备定额有时不是最佳的；要花费一定的时间来盘点。

⑤适用情况。

定期订货法一般适用于发货频繁、难以进行连续动态登记核算的物资，需要量可以进行预测的物资，以及有保管期限的物资。

(3) 经济订购批量法（EOQ）。

①概念。

通过平衡订货成本和保管仓储成本，即通过费用分析求得最低库存总费用，确定一个最佳订货批量的方法。

②计算公式。

$$Q^* = \sqrt{\frac{2DS}{C}} \qquad (3-1-6)$$

式 (3-1-6) 中，Q^* 为经济订货批量，D 为商品年需求量，S 为每次订货成本，C 为单位商品年保管费用。

[例3] 某制造公司全年需用某种材料 40 000 千克，单位存储成本为 8 元，一次订货成本为 25 元，求其经济订货批量和存货总成本。

解：经济订货批量 $Q^* = \sqrt{\dfrac{2 \times 25 \times 40\ 000}{8}} = 500$（千克）

存货总成本 = 经济订货批量 × 单位存储成本 = 500 × 8 = 4 000（元）

③适用情况。

该物品不是连续生产出来的，而是通过成批采购式成批制造进行补充。

该物品的销售或使用的速率均匀，并且同该物品的正常生产速率相比较低，因而产生了显著数量的库存。

根据任务要求，小组成员分工完成任务，并完成实训记录（见表 3-1-2）。

表 3-1-2 团队分工

序号	姓名	负责内容	备注
成员 1			
成员 2			
成员 3			
成员 4			

根据职业道德和能力考核表（见表3－1－3），为小组成员在本任务中的表现评分。

表3－1－3　职业道德和能力考核

职业道德和能力评估指标		考核标准	分值/分	得分
1. 职业道德	纪律性、责任感	小组成员工作纪律性强，具有强烈的道德责任感	10	
	主动性	在小组讨论中表现主动、热情、积极	10	
	任务完成时间	能在规定时间内完成任务，积极演示	10	
	任务态度	现场展示积极认真，态度端正	10	
2. 职业能力	小组合作	小组分工合理，进行角色互换，配合默契	15	
	准备工作	准备工作条理清晰、有序、充分	15	
	解决问题的能力	善于发现问题，并能及时解决问题	15	
	应对突发事件的能力	能灵活运用知识点有效解决突发情况	15	
合计			100	

通过完成本工作任务，我能够做以下总结（见表3－1－4）。

表3－1－4　学生自我学习总结

一、主要知识点
1. 学到的知识点：
2. 自悟的知识点：
二、主要技能
1. 学到的技能：
2. 自悟的技能：
三、取得成果
1.
2.

四、经验和不足
1.
2.

任务拓展

请结合所学知识,为企业制定一份订货管理手册。

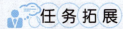

(1) 某汽车制造企业,根据计划每年需采购 A 零件 50 000 个。A 零件的单价为 40 元,每次订购成本为 100 元,每个零件每年的仓储保管成本为 10 元。求 A 零件的经济订购批量、每年的总库存成本、每年的订货次数及订货间隔周期。

(2) 企业每年需要甲种商品 12 000 千克,该商品的单价为 20 元,平均每次订购的费用为 300 元,年保管费率为 25%,求该商品的经济订购批量及年总库存成本。

工作任务二　商品入库退库

课前案例

A公司是一家经营民用爆炸物品的企业。由于存货属于危险品，公安机关只允许客户按日使用量发货，提货联上超过日使用量的，必须以寄存的方式由仓库保管。公司对存货销售及发货的内部控制规程是：客户凭公安机关出具的购买证明，到A公司的营业柜台开具销售发票（一式五联）并交纳货款后，凭提货联到仓库提货。客户会存在当日开票日后提货的情况。超过日使用量的客户，仓库保管员先在仓库商品账中凭提货单记录发货，然后与客户填写一份一式两联的《寄存物品出入库登记表》登记增加寄存数，日后寄存商品发货时在寄存表中扣减。《寄存物品出入库登记表》每发生一笔增减业务，均需由客户和保管员签名，《寄存物品出入库登记表》由客户和保管员各执一份。保管员凭《寄存物品出入库登记表》登记寄存商品明细账。在实物上，仓库保管员不必区分公司库存商品和寄存商品。公司会计人员每月要对存货进行盘点。

据举报，该公司仓库保管员当月有违法私自出借库存商品的嫌疑。假设上月末公司会计人员盘点无误，本月盘点尚未进行。

思考：请分析案情，并制定检查策略。

任务导入

李雷和韩静是一家连锁企业新入职的员工，请结合企业所处的行业特点和要求，带领他们熟悉并掌握商品入库和退库的工作内容。

任务分析

商品入退库工作是企业仓库管理至关重要的一环，它涉及物料的入库和出库，对企业的物流管理、库存管理以及成本控制起着至关重要的作用。如何做好入退库工作，提高工作效率，降低错误率，是每个企业管理人员都需要思考和解决的问题。

任务实施

请全班学生分组到周边企业进行访谈调研并完成企业调研表（见表3-2-1）。调研时选择企业入退库工作正面和反面两个案例进行对比介绍，正面案例主要介绍企业标准化的入退库工作流程，反面案例主要介绍企业入退库工作中的不足。

表 3-2-1　企业调研

调研企业	正面/反面案例	案例介绍	案例总结

任务总结

根据任务实施情况，完成组员表现考核表（见表 3-2-2）。

表 3-2-2　组员表现考核

评价指标	分值/分	组员自评（30%）	组内互评（40%）	教师评分（30%）	最终得分
态度	20				
技能	25				
效率	25				
课程素养	10				
团队合作	20				
总分					

得分说明：将每项得分记入得分栏，然后将各单项分值合计计算出本实训项目总得分。得分在 90~100 分为优秀，75~89 分为良好，60~74 分为合格，低于 60 分为不合格，必须重新训练。

知识学习

一、商品验收入库流程

商品验收入库是按照验收业务的作业流程，核对凭证等规定的手续和程序，对入库商品进行数量和质量检验的经济技术活动的总称。凡需进入仓库储存商品，必须经过检查验收，只有验收合格的商品，方可入库保管。

商品的验收入库流程以仓库为节点，分成两个部分：一个是从供应商或者区域配送中心配送过来的商品存入仓库，另一个是商品从仓库到货架的上架和下架。

商品验收作业包括验收准备、核对凭证和实物检验三个环节。

1. 验收准备

仓库接到到货通知后，应根据商品的性质和批量提前做好验收前的准备工作，大致包括以下内容：

（1）人员准备。安排好负责质量验收的技术人员或用料单位的专业技术人员，以及配合数量验收的装卸搬运人员。

（2）资料准备。收集并熟悉待验商品的有关文件，如技术标准、订货合同等。

（3）器具准备。准备好验收用的检验工具，如衡器、量具等，并校验准确。

（4）货位准备。确定验收入库商品的存放货位，计算并准备堆码苫垫等材料。

（5）设备准备。大批量商品的数量验收，必须要有装卸搬运机械的配合，应提前申请调用设备。

此外，对于一些特殊商品的验收，如生鲜、腐蚀品、放射品等，还要准备相应的防护用品。

2. 核对凭证

入库商品必须具备下列凭证：

（1）入库通知单和订货合同副本。这是仓库接收商品的凭证。

（2）供货单位提供的材质证明书、装箱单、磅码单、发货明细表等。

（3）商品承运单位提供的运单。若商品在入库前发现残损情况，还要有承运部门提供的货运记录或普通记录，作为向责任方交涉的依据。

核对凭证，也就是将上述凭证加以整理并全面核对。入库通知单、订货合同要与供货单位提供的所有凭证逐一核对，相符后才可进行下一步的实物检验。

3. 实物检验

所谓实物检验，就是根据入库单和有关技术资料对实物进行数量和质量检验。

（1）数量检验。数量检验是保证物资数量准确不可缺少的重要步骤，一般安排在质量验收之前，由仓库保管职能机构组织进行。按商品性质和包装情况，数量检验可分为三种形式，即计件、检斤和检尺求积。

①计件是对按件数供货或以件数为计量单位的商品，在做数量验收时清点件数。一般情况下，计件商品应逐一全部点清。固定包装物的小件商品，如果包装完好，打开包装会对保管有不利影响，则国内货物只检查外包装，不拆包检查，进口商品按合同或惯例办理。

②检斤是对按重量供货或以重量为计量单位的商品，在做数量验收时称重。金属材料、化工产品多采用检斤验收。按理论换算重量供应的商品，先要通过检尺，然后按规定的换算方法换算成重量验收，如金属材料中的板材、型材等。对于进口商品，原则上应全部检斤，但如果订货合同规定按理论换算重量交货，则应该按合同规定办理。所有检斤的商品，都应填写磅码单。

③检尺求积是对以体积为计量单位的商品，如木材、竹材、砂石等，先检尺并求体积后所做的数量验收。凡是经过检尺求积检验的商品，都应该填写磅码单。

在做数量验收之前，还应根据商品来源、包装情况或有关部门规定，确定对到库商品是采取抽验还是全验方式。

一般情况下，数量检验应全验，即按件数供货的全部进行点数，按重量供货的则全部检斤，按理论换算重量供货的全部先检尺后换算为重量，再以实际检验结果的数量为实收数。

有关全验和抽验的选择，如果商品管理机构有统一规定，则按规定办理。

（2）质量检验。质量检验包括外观检验、尺寸精度检验、机械物理性能检验和化学成分检验四种。仓库一般只做外观检验和尺寸精度检验，如果有必要进行机械物理性能检验和化学成分检验，则由仓库技术管理职能机构取样，委托专门的检验机构进行检验。

①在仓库中，质量验收主要指商品外观检验，由仓库保管职能机构组织进行。外观检验是指通过人的感觉器官，检验商品的包装外形或装饰有无缺陷；检查商品包装的牢固程度；检查商品有无损伤，如撞击、变形、破碎等；检查商品是否被雨、雪、油污等污染，有无潮湿、霉腐、生虫等。外观有缺陷的商品可能会影响其质量，所以，外观有严重缺陷的商品要单独存放，防止混杂，并等待处理。凡经过外观检验的商品，都应该填写检验记录单。商品外观检验只通过直接观察商品包装或商品外观来判别质量情况，大大简化了仓库的质量验收工作，避免了各个部门反复进行复杂的质量检验，从而节省了大量的人力、物力和时间。

②商品的尺寸精度检验由仓库的技术管理职能机构组织进行。进行尺寸精度检验的商品，主要有金属材料中的型材、部分机电产品和少数建筑材料。不同型材的尺寸精度检验各有其特点，如椭圆材主要检验直径和圆度，管材主要检验壁厚和内径，板材主要检验厚度及其均匀度等；部分机电产品的检验则一般请用料单位派人员进行。尺寸精度检验是一项技术性强、很费时间的工作，由于全部检验的工作量大，并且有些产品质量的特征只有通过破坏性的检验才能测到，所以，一般采用抽验的方式进行尺寸精度检验。

③机械物理性能检验和化学成分检验是对商品内在质量和物理化学性质所进行的检验，一般多是对进口商品进行机械物理性能检验和化学成分检验。商品的内在质量检验需

要一定的技术知识和检验手段，目前的仓库多不具备这些条件，所以一般由专门的技术检验部门进行检验。

以上的质量检验是商品交货时或入库前的验收。在某些特殊情况下，还会有完工时期的验收和制造时期的验收，这是指在供货单位完工或正在制造时，由需方指派人员到供货单位进行的检验。应当指出，即使在供货单位检验过的商品，也可能因为运输条件不佳，或商品质量不稳定，导致入库时产生质量问题，所以，交货入库前的检验，在任何情况下都是必要的。

商品验收方式分为全验和抽验。在进行数量和外观验收时一般要求全验。进行质量验收时，如果商品批量小、规格复杂、包装不整齐或要求严格验收，可以采用全验。全验会耗费大量的人力、物力和时间，但是可以保证验收的质量；如果商品批量大、规格和包装整齐、存货单位的信誉较好，或验收条件有限，则可以采用抽验的方式。商品质量和储运管理水平的提高及数理统计方法的发展，为抽验方式提供了物质条件和理论依据。

二、商品仓储流程

仓储，狭义上是指利用仓库及相关设施设备进行物品的入库、存储、出库活动；广义上是指商品在从生产地向消费地的转移过程中，在一定地点、一定场所、一定时间的停滞。商品的仓储包括商品入库管理、商品在库管理和商品出库作业。

1. 商品入库管理

商品入库管理的流程如下：

（1）商品入库通知：采购部通知供货商安排送货时间，并及时通知仓库。

（2）根据商品在库数量和到货数量安排商品库位。

（3）商品验收（参考商品验收流程）。

（4）入库商品在搬运过程中，应按照商品外包装上的标识进行搬运；在堆码时，应按照仓库管理堆放距离要求和先进先出的原则进行堆码。

（5）入库商品明细必须由收货员和仓库流程员核对签字认可，做到账货相符。商品验收无误后，仓库管理员依据验收单及时记账，详细记录商品的名称、数量、规格、入库时间、单证号码、验收情况、存货单位等，保证账货相符。

2. 商品在库管理

商品在库管理就是通过研究商品性质以及商品在储存期间的质量变化规律，积极采取各种有效措施和科学的保管方法，创造一个适宜商品储存的环境，维护商品储存期间的安全，保护商品的质量和使用价值，最大限度地降低商品损耗的一系列活动。

在库管理作业包括仓库分区分类、货位选择、货位编码和商品堆码、商品盘点等。

（1）仓库分区分类。

对货物进行分区分类存放，从而确保货物的储存安全，货物存放应便于检查和取货。

（2）货位选择。

货位选择是在分区分类保管的基础上进行的。货位的选择要落实到每批入库商品的储存点，必须遵循"安全、优质、方便、多储、低耗"的原则，具体来说，就是确保商品安全、方便吞吐发运、力求节约仓容。

（3）货位编码。

货位编码是将仓库范围的房、棚、场以及库房的楼层、仓间、货架、走支道等按地点、位置顺序编列号码，并做出明显标示，以便商品进出库时可按号存取。

（4）商品堆码。

商品堆码是入库商品的堆存及其方式、方法。商品堆码要科学、标准，应当遵循安全第一、进出方便、节约仓容的原则。商品堆码是商品保管工作中的一项重要内容。

（5）商品盘点。

商品盘点是对库存商品进行账、卡、货三方面的数量核对工作。通过盘点，管理人员可以及时发现库存商品数量上的溢余、短缺、品种互串等问题，并根据盘点结果分析库存情况，从而采取措施，挽回和减少保管损失；同时还可检查库存商品有无残损、呆滞、质量变化等情况。

3. 商品出库作业

商品出库包括两种：一种是将商品从仓库中搬至卖场上架，一种是商品的退货或者是将废品丢弃出库。

（1）将商品从仓库中搬至卖场上架。卖场区域负责人需要根据卖场货架上商品的数量情况，确定需上架商品的数量，将提货单交给仓库管理处。通过提货申请后，将货物进行上架处理。

（2）商品的退货。退货的商品包括过期商品、滞销商品、破损商品等。退货流程为：填写退货登记表；将商品及商品所有的附件进行包装，出库时验货；仓库处做好相应的登记。

根据任务要求，小组成员分工完成任务，并完成实训记录（见表3-2-3）。

表3-2-3　团队分工

序号	姓名	负责内容	备注
成员1			
成员2			
成员3			
成员4			

根据职业道德和能力考核表（见表3-2-4），为小组成员在本任务中的表现评分。

表 3-2-4　职业道德和能力考核

职业道德和能力评估指标		考核标准	分值/分	得分
1. 职业道德	纪律性、责任感	小组成员工作纪律性强，具有强烈的道德责任感	10	
	主动性	在小组讨论中表现主动、热情、积极	10	
	任务完成时间	能在规定时间内完成任务，积极演示	10	
	任务态度	现场展示积极认真，态度端正	10	
2. 职业能力	小组合作	小组分工合理，进行角色互换，配合默契	15	
	准备工作	准备工作条理清晰、有序、充分	15	
	解决问题的能力	善于发现问题，并能及时解决问题	15	
	应对突发事件的能力	能灵活运用知识点有效解决突发情况	15	
合计			100	

通过完成本工作任务，我能够做以下总结（见表 3-2-5）。

表 3-2-5　学生自我学习总结

一、主要知识点

　1. 学到的知识点：

　2. 自悟的知识点：

二、主要技能

　1. 学到的技能：

　2. 自悟的技能：

三、取得成果

　1.

　2.

续表

四、经验和不足
1.
2.

任务拓展

请为企业设计一个商品入库及退库的工作流程图。

思考与练习

在货物入库验收过程中,你认为可能会遇到哪些问题?这些问题应如何处理?请结合你的调研经历,谈谈自己的想法。

工作任务三　商品盘点调拨

课前案例

连云港某超市在年底盘点时发现，某品牌的火腿肠出现了 30 万元的损耗，而该品牌的火腿肠在近几年损耗达 70 万元。超市开始查找原因，经过长时间的设防布控，查找问题和漏洞，终于找到原因，并于 3 月 6 日向警方报案。

警方经过缜密侦查，深挖不放，成功破获系列盗窃超市物品案件，一举打掉了以陈某为首的 10 人盗、销犯罪团伙，涉案价值 70 余万元。

超市送货人陈某因生活压力较大，想找赚外快的路子。2018 年在一次送货中，陈某发现货物送到超市后，因为数量较多，工作人员常常只清点箱子的数量，一般不打开箱子清点。陈某觉得有机可乘，于是和女友刘某娟在每次送货时多准备一部分空箱子，卸货时把空箱子放在下面，将有货的箱子放到上面，待超市工作人员清点后，陈某与刘某娟将货物送到仓库重新码放。按照惯例，送货人员一般送货时会把仓库的空箱随手带走，陈某便趁机将仓库内的空箱子和夹杂的空箱子一同带走。有时，他们还会将货品直接拉入卖场上货，这时也会趁机将空箱子拆开带走。

2019 年以来，尝到甜头的陈某与刘某娟一发不可收拾，更加疯狂地实施盗窃。待火腿肠积攒到一定数量后，陈某将所盗得的火腿肠交给王某等 8 人销售，在明知陈某的火腿肠来路不明的情况下，王某等 8 人仍多次帮助其销售，且数额巨大。

思考：
（1）造成该超市损失巨大的原因是什么？
（2）如何预防此类事件的发生？

任务导入

李雷和韩静是一家连锁企业新入职的员工，请结合企业所处行业的特点和要求，带领他们熟悉并掌握商品盘点调拨的工作内容。

任务分析

在商品管理中，盘点和调拨是企业为了保证库存准确性并实现有效管理而进行的重要工作。盘点是通过对库存数量和质量的实际核对，确保企业掌握准确的库存情况，并为后续的采购、销售等决策提供依据。调拨的目的是使资源得到更合理的分配，使业绩最大化，库存最小化。盘点和调拨管理的重要性不容忽视，它可以帮助企业控制库存成本、减少库存丢失、提高资金使用率、提升客户满意度和企业竞争力。

任务实施

请全班学生分小组到周边企业进行访谈调研并完成企业调研表（见表3-3-1）。调研时应选择企业盘点调拨工作正面和反面案例进行对比介绍，正面案例主要介绍标准化的企业盘点调拨工作流程，反面案例主要介绍企业在盘点调拨工作中的不足。

表3-3-1　企业调研

调研企业	正面/反面案例	案例介绍	案例总结

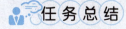

根据任务实施情况，完成组员表现考核表（见表3-3-2）。

表 3-3-2 组员表现考核

评价指标	分值/分	组员自评（30%）	组内互评（40%）	教师评分（30%）	最终得分
态度	20				
技能	25				
效率	25				
课程素养	10				
团队合作	20				
总分					

得分说明：将每项得分记入得分栏，然后将各单项分值合计计算出本实训项目总得分。得分在 90~100 分为优秀，75~89 分为良好，60~74 分为合格，低于 60 分为不合格，必须重新训练。

一、盘点

1. 盘点的概念

盘点是指对企业存货资产的清点和核查。通过盘点，企业可以及时发现库存的差异或存在的问题，并在发现问题之后及时采取措施予以解决，保证库存数据的真实性与完整性。

2. 盘点的重要性

库存盘点是企业管理中不可或缺的内容。

首先，库存盘点能够帮助企业控制库存成本。通过定期的库存盘点，企业能够检查和核实实际库存与系统库存的差异，并及时调整库存数量和价值。这有助于避免库存积压和滞销，降低库存成本，提高资金周转效率。

其次，库存盘点能够减少库存丢失和损失。库存丢失和损失可能是内部疏忽、盗窃或运输过程中的损坏等原因所致。通过定期的库存盘点，企业可以及时发现并解决库存丢失和损失问题，加强对库存的安全控制，提高库存堆放和管理的规范性。

再次，库存盘点能提高资金使用效率。库存是企业资金的重要组成部分，过高的库存量会导致资金闲置，影响企业的运营效率。通过库存盘点，企业可以准确掌握实际库存情况，及时调整采购和销售计划，合理利用资金，从而提高资金使用效率。

最后，库存盘点可以提升客户满意度和企业竞争力。通过准确的库存记录和管理，企业能够及时响应客户需求，提供交货时间准确且能满足客户要求的产品。这有助于提升客户满意度和忠诚度，从而增强企业在市场中的竞争力。

综上所述，库存盘点可以帮助企业控制库存成本、减少库存丢失、提高资金使用效率，并提升客户满意度和企业竞争力。企业应高度重视库存盘点管理，建立完善的库存盘点管理制度和流程，保证库存数据的准确性和及时性，为企业的发展提供有力的支持。

3. 盘点的形式

盘点有三种形式，分别是账面盘点法、期末盘点法和循环盘点法。

（1）账面盘点法。

将每天出入库商品的数量及单价记录在库存账卡上，并连续计算汇总账面上的库存结余数量及库存金额。

（2）期末盘点法。

期末盘点法是指期末将所有货品一次盘完，这种盘点方法的工作量较大。

（3）循环盘点法。

每天或每周盘点一定数量的货品，每隔一定时期，每种货品都盘点一遍。

4. 盘点的工作步骤

（1）确定盘点周期和计划：根据企业实际情况，选择盘点周期和计划。

（2）组织人员：确定参与盘点的人员及其责任分工，确保盘点操作的准确、高效。

（3）制定盘点原则：确定盘点标准、考核方法以及盘点差异处理办法。

（4）盘点操作：按照盘点计划对库存物品进行清点和核查。

（5）处理差异：对盘点结果进行汇总和比对，发现差异后及时调查并采取措施予以解决。

5. 盘点的工作流程

（1）仓库人员需全程参与盘点，并按照相关流程进行操作。

（2）首先清点资产标识和序号。

（3）逐一检查所有库区，确保货物清单与库存一致。

（4）将盘点结果统一记录在表格中，包括货物名称、数量、金额等信息。

（5）盘点结束后，由仓库管理员进行核对和审查。

6. 盘点结果处理

（1）盘点结束后，仓库管理员应根据盘点结果制作盘点报告，并将其存档。

（2）如发现库存与记录不符的情况，仓库管理员需立即向上级主管报告，并协助解决问题。

（3）盘点结束后，对所有盘点人员进行总结评估，并将评估结果作为员工绩效的一部分。

二、调拨

1. 调拨的概念

调拨是指从一个库存地点向另一个库存地点移动产品或物料，一般是由需求方向供应方提出申请，然后由供应方进行发货和操作。通过调拨，可以使库存物品得到更高效的利用，并且可以更好地满足客户需求。

2. 调拨的重要性

货物的调拨对于企业的运营至关重要。有效的调拨可以提高货物的运作效率，降低库

存成本,确保货物安全并准时交付。调拨的重要性有以下几点:

(1) 提高运作效率。

通过合理的调拨可以减少货物处理和运输的时间,从而提高运作效率。货物的快速调拨和转移可确保供应链的流畅运作,满足客户需求。

(2) 降低库存成本。

货物调拨有助于降低库存成本。通过准确的库存监控和调度,可以避免库存积压和滞销,从而降低库存成本并提高企业盈利能力。

(3) 保证货物安全。

货物调拨需要进行严格的监控和操作规范。正确的调拨方案可以确保货物在调拨和转移过程中不受损坏或遗失,维护货物的完整性和安全性。

(4) 准时交付。

调拨的有效实施可以确保货物准时交付给客户或到达其目的地,及时的交付可以提高客户满意度。

3. 调拨的形式

调拨的形式主要有三种:日常销售调拨、活动调拨和全盘大调拨。

(1) 日常销售调拨。

日常销售调拨是根据门店的销售情况进行商品调拨。在商品上架 15 天后,根据各个门店在此期间的销售情况,将商品从销量较小甚至没有销量的门店,调往销量较好的门店。日常销售调拨主要是补码调拨。

(2) 活动调拨。

活动调拨是为即将有促销活动的门店进行补货调拨,一般在门店活动前两周开始进行调拨,以确保活动门店的需求得到满足。确保活动门店需求的商品在活动前一周到位,从而更好地进行顾客邀约。

(3) 全盘大调拨。

全盘大调拨是指为了让商品得到更好的互动,更顺畅的流通,去到尽量多的门店,让各个门店保持商品的新鲜度,尽快将商品销售出去所进行的调拨。这种形式的调拨与前两种调拨形式的区别是,调拨时,不再是个别商品的调动,而是整盘进行调动。

4. 调拨的工作流程

(1) 调拨申请。

①调拨货物需提前向上级主管提交调拨申请。

②调拨申请中需包含货物名称、调拨数量、调拨理由等信息。

③申请单需由上级主管批准后方可进行调拨。

(2) 调拨操作。

①获得调拨批准后,仓库管理员需及时查找并准备调拨货物。

②仓库管理员将调拨货物的详细信息记录在调拨记录中,包括货物的名称、数量、调拨日期等。

③调拨货物的包装、装载和卸载过程需符合相关安全操作规定。

（3）调拨记录与归档。

①仓库管理员将调拨完成的货物信息记录在调拨记录表中。

②调拨记录表需包括货物名称、数量、调拨日期、调拨原因等信息。

③调拨记录表将归档在仓库档案中，便于查询和追溯。

5. 有效调拨的管理措施

（1）制定详细的操作流程。

建立明确的调拨操作流程和指导手册，确保每个员工都清楚如何进行货物调拨和转移。操作流程应包括货物的接收、检查、入库、出库和转移等环节。

（2）库存监控技术支持。

利用现代化的库存监控技术，如条码扫描、RFID（射频识别）等，对仓库的货物进行实时跟踪和管理。这样可以提高货物的可视性，减少误差。

（3）人员培训和管理。

对仓库员工进行适当的培训，使员工掌握正确的操作流程和技能。同时，建立绩效评估机制，激励员工积极参与调拨和转移管理，提高工作效率和准确性。

（4）安全管理措施。

确保仓库设施的安全，如安装监控摄像头、门禁系统等。此外，企业要建立货物防损和防盗制度，加强对仓库货物的保护。

（5）使用合理的仓储设备。

根据货物特性选择合适的仓储设备，确保货物安全存放和转移。合理布局仓库，使货物的调拨和转移路径更加便捷和高效。

（6）数据分析和优化。

定期分析评估货物调拨和转移过程中的数据，以便发现问题并及时优化调拨工作流程。通过数据分析，找出瓶颈，制定改进措施，提高调拨和转移的效率。

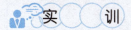

根据任务要求，小组成员分工完成任务，并完成实训记录（见表3-3-3）。

表3-3-3 团队分工

序号	姓名	负责内容	备注
成员1			
成员2			
成员3			
成员4			

根据职业道德和能力考核表（见表3-3-4），为小组成员在本任务中的表现评分。

表 3-3-4 职业道德和能力考核

职业道德和能力评估指标		考核标准	分值/分	得分
1. 职业道德	纪律性、责任感	小组成员工作纪律性强,具有强烈的道德责任感	10	
	主动性	在小组讨论中表现主动、热情、积极	10	
	任务完成时间	能在规定时间内完成任务,积极演示	10	
	任务态度	现场展示积极认真,态度端正	10	
2. 职业能力	小组合作	小组分工合理,进行角色互换,配合默契	15	
	准备工作	准备工作条理清晰、有序、充分	15	
	解决问题的能力	善于发现问题,并能及时解决问题	15	
	应对突发事件的能力	能灵活运用知识点效解决突发情况	15	
合计			100	

通过完成本工作任务,我能够做以下总结(见表 3-3-5)。

表 3-3-5 学生自我学习总结

一、主要知识点

1. 学到的知识点:

2. 自悟的知识点:

二、主要技能

1. 学到的技能:

2. 自悟的技能:

三、取得成果

1.

2.

续表

四、经验和不足
1.
2.

任务拓展

请为企业设计一个商品盘点调拨的工作流程图。

思考与练习

你认为何谓盘亏、盘盈？如何处理盘亏、盘盈问题？请结合你的调研过程，谈谈自己的理解。

课外阅读

超市经营分析报告

某超市目前总的盈亏成本金额是××××元。损耗主要集中在食品×××类×××元，个人清洁用品类×××元。×××类主要是×××的亏损，如××××系列、××××系列等，个人清洁用品类主要包括×××牙膏，×××洗发水系列的损耗。从损耗分析可以看到，个人清洁用品类损耗较大。盈亏与损耗产生的具体原因有以下几点：

（1）串码（收货、销售、收银环节）。

（2）单据管理。

（3）盘点错误。

（4）条码管理混乱。

（5）收货管理不到位与供应商欺诈（品质、数量等）。

（6）偷盗（内盗、外盗）。

此外，变质报损、虫鼠害等因素也会造成损耗。

具体分析如下：

第一类，属于电脑系统中操作不当的。

（1）商品条码录入错误，导致销售的数据记录成了其他商品，盘点结果会显示为两个商品一个盘盈，一个盘亏。

解决办法：规范所有商品条码，特别是在收货上进行严格把关；最好在验货时仔细检查有问题的商品条码和系统中对应的该商品的条码是否一致、商品品名是否准确一致。

（2）商品已经退货给供应商，但是没有及时登记退货，造成系统里面的库存没有扣除，而货物已经拉走，从而造成商品的盘亏。

解决办法：规范商品退货流程。规范商品退货流程要把握以下几个原则：

①退货必须由采购和供应商协商好。

②仓库退货人员必须看到商品退货单才能退货。

③凡是出卖场的商品，必须由防损员检查供应商是否有退货单并检查退货单的商品和实际商品是否一致。

（3）因为操作失误，重复录入进货单，造成盘亏。

解决办法：这属于操作性失误，只能在操作时多加注意。通过系统也可以减少和避免此类错误发生：所有进货单必须有对应的采购订单，否则不允许直接录入进货单；同时，限制电脑操作员直接录入商品入库单（赠品入库单除外），限制电脑操作员修改单价和数量。

（4）内部领用的商品没有通过POS机销售，也没有在系统里及时登记报损单，造成盘亏。

解决办法：所有内部领用的商品都必须在前台进行销售过机，不允许出现签单、签名直接越权领用超市商品。

（5）由于操作疏忽，商品和标价签不一致，盘点人员在盘点时出现将商品张冠李戴的现象，该现象在百货类商品中出现频率非常高。

解决办法：

①将所有百货类商品重新规范归类（代码、货品名称、规格）。

②平时工作人员发现有不规范的条码和货品张冠李戴的现象，一定要立即修改正确。

第二类，属于盘点过程中操作不当的。

（1）盘点人员不熟悉商品和盘点流程，造成漏点、重点，或者不同规格的商品按照一个商品来盘点。这种情况以方便面、饮料、洗发水为主。

解决办法：①所有卖场人员平时多熟悉商品结构。②对于卖场人员的培训，不应仅仅在盘点前进行，而应贯穿在平时的工作中。③负责盘点的工作人员应该端正态度，加强责任感。④盘点时实行交叉盘点复查制度。

（2）有些商品的外观非常类似，价格也一样，但是规格不同，如口味、颜色、效用，在入库验收时仓管人员没有很好区分，只确认总数量就通过了。事实上，供应商把几种不同规格的商品混在一起送货，这些商品的实际数量和送货单均有偏差，造成这一系列的商品在盘点时均出现盈亏，实际上总数是不赢不亏的，但是由于每个货品的规格不一致，导致还是有盈亏产生。

解决办法：①加强仓管人员对于商品结构的熟悉程度。②验货工作人员验货时一定要认真仔细。③实行验货监督机制，如果出现此类现象，则实行责任到人。

第三类，属于偷盗防范不当的。

（1）由于商场面积扩大，顾客反映超市的出入口离得太远，带来了许多不便而拒绝存包袋，而超市人员逐渐减少，导致有许多视觉死角是工作人员看不到的，故而增加了失窃的可能性。

解决办法：加强对防盗设施设备的管理，合理投放合适的设备设施，跟踪投放执行及其效果。

①尽快采购防损袋，建议将超市两个出入口改为一个，减少由于商品失窃造成的损失。

②加大对全员防损、全过程防损的培训与督导力度。划分防损责任区、分配责任商品、明确盘点责任、建立重大盈亏事故的责任追究制，加大对内盗的查处与激励力度，对破坏分子下手要快、准、狠。

（2）货架的整体设计应充分考虑安全需要，提高产品的安全性，减少盗窃的可能性。

解决办法：

①超市的整体布局应形成畅通的视线，不留死角。

②货架布局呈一条直线，尽量避免拐角和凹凸。

③中间渠道保持通畅，不能有阻碍。

综上，根据目前盘点出现的问题，建议从以下几方面入手进行改进：

（1）进行业务流程重建，找出不合理和漏洞比较多的关键点，规范并优化业务流程。

（2）平时要加强员工培训，将培训贯穿于整个工作流程中。

（3）对于贵重、易盗物品建立台账，由于该类物品品类少，实行每天盘点交接制，如出现盈亏，当天进行奖惩。

（4）对目前卖场的商品重新进行规范，主要校验条码、品名、价格、标价卡、规格等是否正确。

（5）建立合理的绩效考核机制，调动员工积极性，增强员工的归属感。

工作任务四　损耗控制管理

课前案例

《解放日报》关于大卖场的舆论监督报道，引起了供应商的巨大反响。有位供应商来电反映：本市不少企业由于管理不善，导致商品损耗远远高于行业平均水平，而这些企业的通常做法是把损耗统统转嫁到供应商头上，强制退货并在应付款中强行抵扣。为了说明企业损耗的严重性，该供应商带记者来到某大型企业配送物流的退货仓库里，只见这里汇集着全国各地退回的破损产品：外壳破损橙汁饮料，橙汁全流光，只剩下一个个空瓶子；木档已断裂的鞋柜、轮子少了两个的电脑台；靠垫被扯破的红色沙发……这位供应商找到了混迹于一堆"破烂"中的自家产品，他说，企业可以不经供应商同意，就把这些商品退还给物流，而只要商品一出门，相应的货款就会从账单上自动扣除。另外，各种无形损耗，都被企业统统算在供应商头上。

思考：

（1）什么是损耗？

（2）损耗有什么影响？

（3）损耗控制与管理的重要性有哪些？

任务导入

李雷和韩静是一家连锁企业新入职的员工，请结合企业所处行业的特点和要求，带领他们熟悉并掌握损耗控制管理的工作内容。

任务分析

损耗在连锁企业经营过程中很容易发生，损耗控制的业绩是衡量整个连锁企业运作状况和经营管理水平的重要标准之一，反过来又在很大程度上影响着各部门乃至整个企业的盈亏兴衰。如果不能有效地控制损耗，就会直接影响整个企业的利润。由此可见，损耗控制在经营管理中是至关重要的。避免有形和无形的损耗，对于连锁企业在利润空间很低的情况下求得生存和发展是至关重要的。因此，严格进行损耗控制管理，是企业运营管理人员的重要任务。

任务实施

请全班学生分小组到周边企业进行访谈调研并完成企业调研表（见表3－4－1）。调研时选择企业损耗控制方面正面和反面两个案例进行对比介绍，正面案例主要介绍企业在损耗控制方面做得好的地方，反面案例主要介绍企业在损耗控制工作中的不足。

表3-4-1　企业调研

调研企业	正面/反面案例	案例介绍	案例总结

任务总结

根据任务实施情况，完成组员表现考核表（见表3-4-2）。

表3-4-2　组员表现考核

评价指标	分值/分	组员自评（30%）	组内互评（40%）	教师评分（30%）	最终得分
态度	20				
技能	25				
效率	25				
课程素养	10				
团队合作	20				
总分					

得分说明：将每项得分记入得分栏，然后将各单项分值合计计算出本实训项目总得分。得分在 90~100 分为优秀，75~89 分为良好，60~74 分为合格，低于 60 分为不合格，必须重新训练。

微课：损耗的产生原因及控制方法

一、损耗控制管理的重要性

（1）损耗的高低是超市是否获利的关键。
（2）1 个商品的损耗等于 5~6 个商品的销售利润。
（3）要提高商品的销售绩效，就必须加强对商品损耗的管理。

二、损耗的定义

损耗是指卖场所经营商品的账面金额与实际盘存金额的负差异，是因工作人员的不当操作或因商品报废所产生的损失。

三、损耗的种类

常见的损耗可以分为 12 类，即订货损耗、收货损耗、搬运损耗、堆放损耗、库存损耗、盗窃损耗、制作损耗、技术损耗、收银损耗、价格损耗、时间损耗和机会损耗。

四、损耗的产生原因及控制方法

1. 订货损耗

产生原因：厂牌错误、品项错误、规格错误、数量错误、重量错误、品质错误、有效期限错误。

控制方法：订货前查看卖场及仓库的库存；配合卖场需要安排送货时间；配合促销档期订货；调整过量的库存商品。

2. 收货损耗

产生原因：验货品质要求不严、商品不良、点数不准、过磅不准。

控制方法：进货验收时，把好验收关；拒绝接收不良商品、过期商品；点数准确，过磅要去皮；滤水彻底，加抽比率，必要时做全检。

3. 搬运损耗

产生原因：进货运送受损、暂存搬运受损、补货受损、顾客打破商品。

控制方法：搬运时要放稳、牢靠，防压伤、碰伤、划伤，轻拿轻放；商品务必摆放在栈板上，不可过高，依各人能力操作；商品陈列稳固，易破损物品应提示顾客轻拿轻放。

4. 堆放损耗

产生原因：销售不佳、陈列面积过大、陈列时间过长、积压过多。

控制方法：依销售情况适当调整排面；严格执行商品翻堆工作，防止新旧商品混淆、鲜度下降或商品过期。

5. 库存损耗

产生原因：进货量过大、销售不佳、库存堆积。

控制方法：控制订货量；彻底查看实际库存量；适时适量下单，避免库存过多及商品变质之损耗。

6. 盗窃损耗

产生原因：员工或顾客偷吃、内盗、外盗、内外互相串通、多买少打。

控制方法：加强开关店及夜间值班人员管控；加强员工退勤及购物管控；专柜及厂商人员进出卖场、仓库时需佩戴出入证，所携物品应经安全人员检查；加强肃窃工作；贵重商品日盘，确认当日损耗。

7. 制作损耗

产生原因：制作过多、销售不佳、商品变质。

控制方法：依销售情况适时、适量制作；确保商品的良好品质；必要时，可在晚上六七点钟通过促销来销售品质下降但还没报废的商品。

8. 技术损耗

产生原因：生鲜技术不佳、原材料利用率偏低、设备故障。

控制方法：加强生鲜技术培训；平时注意保养设备并定期检修；制作故障排除手册；为员工进行简易故障排除相关知识的培训。

9. 收银损耗

产生原因：收银机故障、收银操作不当、员工工作疏忽。

控制方法：严格按照流程进行收银，禁止不恰当的收银动作；收银以扫描为主，若不能扫描，需将商品代码全部录入；如收银日报写错，由填表人签章；营运与收银及时沟通商品信息。

10. 价格损耗

产生原因：标价错误、未按快讯变价、店头变价偏低、厂商特价落差、顾客更换条码。

控制方法：注意检查价格；变价标价与POP标价应相同；变价期过后，立即调回原价，避免毛利率降低；厂商特价促销结束后，要根据进价及时调整售价。

11. 时间损耗

产生原因：孤儿商品未及时收取、退货不及时，造成报废。

控制方法：各部门每天指派1人收取孤儿商品；每周进行退货，不要留到月底。

12. 机会损耗

产生原因：缺货、陈列量不足、商品不符合顾客需求。

控制方法：每日查看库存，配合厂商的送货时间，合理设置库存天数；注意季节、特价商品的库存量；避免有库存而未有陈列；通过调查了解顾客需求。

五、控制损耗的管理措施

1. 厂商出入管理

（1）厂商进入卖场必须先登记，领取出入证后方能进入；离开时经检查，交回出入证方可放行。

（2）厂商在后场或卖场更换坏品时，须有退货单或先在后场取得提货单，且经部门主管批准后，方可退货。

（3）厂商送货用的空箱子和纸袋必须打开、折平，避免偷带商品出店的情况。

（4）厂商的车辆经安全人员检查后，方可离开。

2. 员工管理（含促销员）

（1）员工上下班必须由规定的出入口出入。

（2）员工下班离店时，要自动打开随身携带的皮包接受防损人员的检查。

（3）员工随身携带的皮包不得带入卖场或作业现场，应暂时存放在员工寄物柜内。

3. 顾客偷盗管理

（1）加强对卖场的监控力度和查核口对顾客所购商品的检查。

（2）增强全体员工的防盗意识。

（3）员工如看见可疑人员，应立即告知防损人员。

4. 生鲜商品管理

（1）对需当天售完的生鲜商品，应在每日销售高峰期尽可能出售，以免成为坏品。

（2）生鲜人员应严格执行翻堆工作，防止新旧商品混淆，鲜度下降，并严格执行先进先出原则。

（3）生鲜商品应严格控制库存，并按先进先出原则进行仓库管理。

（4）生鲜商品作业人员应尽量避免作业时间太长或作业现场温度过高，以免商品的鲜度下降。

（5）冷冻冷藏设备应每天巡查，如遇温度异常应立即检修。

5. 收银管理

（1）避免收银员使用退货键或清除键来消除已登入商品的记录。

（2）收银主管应注意各收银台的金额进度，如果发现异常情况要先停止该机台，再进行检查。

（3）发票记录交回存档时，要注意是否有断裂或缺少的情况。

（4）加强收银员对假钞的辨认能力。

6. 仓库管理

（1）盘点前后两天，不可进精品仓的商品。

（2）整理仓库时，易破损的商品不可放置在主走道上。

（3）每周进行退货，不要到月底再处理。

（4）盘点后，及时追踪盈亏的原因。

六、部门商品报损表样例（见表3-4-3）。

表3-4-3 部门商品报损

报损部门		报损日期		处长签名	
申报人		科长签名		当班防损签名	
报损商品		单品条码	单价	单品规格	报损数量
名称	货号				

商品报损原因：A：过保质期；B：空包装；C：包装损坏；D：顾客退货；E：折价（金额差）；F：其他

七、部门商品报损汇总表样例（见表3-4-4）

表3-4-4 部门商品报损汇总

	营业额	过保质期		空包装		包装损坏		顾客退货		折价（金额差）		其他		合计	
		金额	占比	金额	占比	金额	占比	金额	占比	金额	占比	金额	占比	金额	占比
1															
2															
3															
4															
5															
6															

续表

营业额	过保质期		空包装		包装损坏		顾客退货		折价（金额差）		其他		合计	
	金额	占比	金额	占比	金额	占比	金额	占比	金额	占比	金额	占比	金额	占比
7														
…														
29														
30														
合计														

根据任务要求，小组成员分工完成任务，并完成实训记录（见表3-4-5）。

表3-4-5　团队分工

序号	姓名	负责内容	备注
成员1			
成员2			
成员3			
成员4			

根据职业道德和能力考核表（见3-4-6），为小组成员在本任务中的表现评分。

表3-4-6　职业道德和能力考核

职业道德和能力评估指标		考核标准	分值/分	得分
1. 职业道德	纪律性、责任感	小组成员工作纪律性强，具有强烈的道德责任感	10	
	主动性	在小组讨论中表现主动、热情、积极	10	
	任务完成时间	能在规定时间内完成任务，积极演示	10	
	任务态度	现场展示积极认真，态度端正	10	
2. 职业能力	小组合作	小组分工合理，进行角色互换，配合默契	15	
	准备工作	准备工作条理清晰、有序、充分	15	
	解决问题的能力	善于发现问题，并能及时解决问题	15	
	应对突发事件的能力	能灵活运用知识点有效解决突发情况	15	
合计			100	

通过完成本工作任务，我能够做以下总结（见表3-4-7）。

表 3-4-7　学生自我学习总结

一、主要知识点
1. 学到的知识点：   2. 自悟的知识点：
二、主要技能
1. 学到的技能：   2. 自悟的技能：
三、取得成果
1.   2.
四、经验和不足
1.   2.

任务拓展

请结合自己调研企业的现状，为企业制定行之有效的损耗管理措施。

思考与练习

通过加强企业员工管理，是否能降低企业损耗？请说说你的想法。

模块四

特许经营体系的建立与运营

 情境导入

为什么强调特许经营一定要建立体系?

体系,全面、整体的意思。比如,一个连锁企业除了企业总部要建立一套市场、企业地域招商、授权、营建、培训、物流、督导、研发、电商、人力、财务、物商法、创商、德、情兼备的子体系与职能之外,单店也要建立自己的体系,包括人、财、物、信息、运营、营销、导购、意外处理、礼仪、客服等。

上述体系中,任何一项内容的"跑、冒、滴、漏"都是连锁企业或单店运营中的隐患,随时可能因内部或外部因素给企业造成伤害与损失。更进一步来说,企业一定要把体系以手册的形式总结、提炼、升华并保存下来,以助力企业平安、稳定、健康、可持续发展。

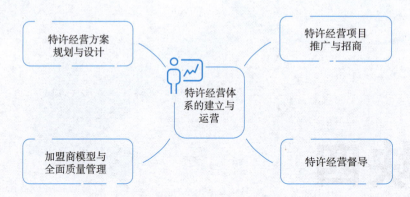

知识目标

1. 掌握特许经营可行性分析与经营方案规划及设计方法;
2. 了解单店模式设计与受许人的选择;
3. 了解全面质量管理的内容;
4. 掌握制定特许加盟模式及招募计划与推广方法。

能力目标

1. 能进行特许经营可行性分析;
2. 能进行受许人资质基本要求审核;
3. 能进行特许经营督导及绩效评估体系设计。

素养目标

1. 具备系统化的思维方式;
2. 提高分析问题和解决问题的能力;
3. 提高自主创业能力。

工作任务一　特许经营方案规划与设计

课前案例

赛百味的区域发展代理制

赛百味是世界上最大的潜水艇三明治特许经营机构，在82个国家拥有超过3万家分店，目前已成为国际快餐业的领先者。赛百味的特许经营体系规模之巨、单店数量之多、涉足地域之广、文化差异之大给其管理带来了巨大的难度。特许经营中常见的授权模式有三种：单店特许授权、区域特许授权和区域主授权（二级特许）。其中，区域主授权更适用于国际特许经营授权。但是，赛百味并没有实行区域主授权的方式，其创新独特之处在于引进了发展代理制。

任务导入

A企业总部为了扩大市场规模，增强竞争优势，决定开展特许经营商业模式，为了了解企业开展特许经营的优势和风险，避免决策失误，减少资源投入的浪费，企业规划部首先要进行特许经营的可行性分析。

任务分析

A企业在选择一个特许项目时，应该尽可能突出其可行性。要做到这一点，A企业就应该在做商业计划的同时进行项目的可行性研究，这是确

微课：成功开展特许经营要素分析

定特许经营非常重要的一项工作。在做项目可行性研究时，必须对产品（服务）做必要的市场可行性分析，也就是通过对市场需要什么、需要多少、生产多少，以及资金、主要材料和能源供应等情况的实际调查、复核和科学预测，掌握市场动态及发展趋势，并结合其他因素，确定产品（服务）的可行性及创业时机的正确性。

任务实施

一、市场调研与访谈

这一阶段主要是进行市场调查，收集并整理所有有关行业的数据和信息。在完成市场调查之后，要根据收集整理好的数据和信息，对企业所处的行业环境进行分析，并撰写市

场调研报告。企业需要收集整理的行业信息包括宏观和微观两个方面。

宏观行业信息包括四个方面：国家有关行业政策、本行业技术的最新发展、上游产业的最新发展、本行业带头人的最新动向。

微观行业信息包括三个方面：客户的信息、供应商的信息、竞争对手的信息。

在进行市场调研前，企业应先制定调研安排表（见表4－1－1）和访谈实施计划表（见表4－1－2）。

表4－1－1　调研安排

调研目的	调研人	调研对象	调研时间	调研方法	调研地点	调研费用	备注
				发放调查表			
				访谈企业内外人员			
				实地考察			
				查阅资料：统计部门、政府等			
				网络搜索			
				暗访			
				资料或信息			
				从对标公司网站获取资料			
				查阅新闻			
				下载或购买调研公司资料			
				委托专业调研公司			
				沙盘、实验法			

表4－1－2　访谈实施计划

访谈性质	地点	访谈时间	访谈人	访谈形式	受访人	备注
正式访谈	×××	年　月　日	×××	实地参观并进行高层访谈	重要股东、董事长、总经理	同时进行非正式访谈
正式访谈	×××	年　月　日	×××	实地参观并进行中层访谈	店长/副店长、财务主管、设计主管、装修主管、采购主管、展店部主管、网络信息主管、行政人事主管等	同时进行非正式访谈
正式访谈	×××	年　月　日	×××	实地参观并进行基层访谈	代表性员工	同时进行非正式访谈

二、内部优劣势分析

根据市场调研与访谈结果，完成企业的内部优势分析表（见表4－1－3）和内部劣势分析表（见表4－1－4）。

表4-1-3　内部优势分析

优势方面	优势内容	备注
从业经验		
人力资源		
原料资源		
行业资源		
品牌资源		
产品与服务		
研发资源		
资金实力		
硬件设施		

表4-1-4　内部劣势分析

劣势方面	劣势内容	对策
物流		
知识产权资源		
店面改造		
人力资源		
品牌资源		
管理		
单店效益		

三、外部机会与威胁分析

根据市场调研与访谈结果，完成企业的外部机会分析表（见表4-1-5）和外部威胁分析表（见表4-1-6）。

表4-1-5　外部机会分析

序号	机会方面	主要趋势	机会点
1	政治		
2	经济		
3	社会文化		
4	自然环境		
5	加盟趋势		
6	行业发展		
7	市场趋势		

表 4-1-6　外部威胁分析

序号	主要内容	应对策略	备注
1	政治		
2	经济		
3	社会文化		
4	技术		
5	自然环境		
6	同业竞争		
7	其他竞争者的模仿		

任务总结

根据任务实施情况，完成组员表现考核表（见表 4-1-7）和专业能力测评表（见表 4-1-8）。

表 4-1-7　组员表现考核

评价指标	分值/分	组员自评（30%）	组内互评（40%）	教师评分（30%）	最终得分
态度	20				
技能	25				
效率	25				
课程素养	10				
团队合作	20				
总分					

表 4-1-8　专业能力测评

项目	分值/分	表现描述	得分
调查	30		
人员分工	20		
调查分析方法	25		
调查分析结果	25		
合计			

得分说明：将每项得分记入得分栏，然后将各单项分值合计计算出本实训项目总得分。得分在 90～100 分为优秀，75～89 分为良好，60～74 分为合格，低于 60 分为不合格，必须重新训练。

1. 赛百味特许经营体系结构

在赛百味特许经营体系中，总部下设区域总部，分管全球范围内的各个大区，各个大区又划分为若干小区域，每个区域有一个发展代理，具体负责区域的市场开发和加盟商督导管理。在这个体系中，特许人不会直接监控受许人，而是通过区域总部、发展代理逐层监管。发展代理有一定的决策权，在区域内可以直接处理许多有关加盟商的管理事务，遇到重大事项时，才向上一级区域总部进行汇报。目前，赛百味在全球有 200 多个发展代理，在中国则有 2 个发展代理，分别在北京和大连。

2. 成为发展代理的条件

（1）首先，要成为赛百味的受许人，必须经营加盟店 6 个月以上，且加盟店的运营完全符合总部的各项要求。

（2）提交发展代理申请并提交商业计划书。

（3）必须参加赛百味总部的相关培训。

（4）发展代理要定期召开加盟商大会。

3. 发展代理的报酬

发展代理的报酬标准为：加盟金中提取 50%，特许权使用费提取 33%。如果不能达到区域发展目标，这个比例将会降低。

4. 发展代理的职责

（1）负责在授权代理区域内协助总部发展加盟店。

（2）协助总部对加盟商进行资格审核和培训。

（3）负责对加盟商选址和开店进行指导。

（4）为新开设的加盟店提供一定时间的驻店辅导。

（5）对加盟店的经营提供长期的服务、指导和监督。

（6）负责赛百味品牌在代理区域内的推广和维护，领导当地加盟商建立营销委员会等。

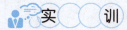

通过完成工作任务，我能够做以下总结（见表 4-1-9）。

表 4-1-9　学生自我学习总结

一、主要知识点
1. 学到的知识点：   2. 自悟的知识点：
二、主要技能
1. 学到的技能：   2. 自悟的技能：
三、取得成果
1.   2.
四、经验和不足
1.   2.

任务拓展

三大外资便利店逐鹿中国市场

7-Eleven、全家、罗森三家日系品牌便利店在中国市场不同区域的发展虽有侧重,但竞争逐渐激烈。

京津地区:罗森加速追赶

在北京市场,先入为主的7-Eleven一直保持着规模优势。7-Eleven于2004年进入北京,截至2018年8月,共有254家门店。罗森于2013年进入北京,截至2019年1月,共有106家门店。全家于2014年进入北京,在北京已突破100家门店。

7-Eleven于2009年进入天津,截至2018年10月,大概有140家门店;罗森于2019年1月15日在天津首开2店,虽然进入天津的时间不长,但已将7-Eleven视为追赶竞争的对象。

从连锁拓展方式来看,7-Eleven、罗森、全家均已经开放加盟,7-Eleven在2015年试行"附属店"的模式,原本只允许经营一家店的加盟主可以同时经营多家门店。

华东地区:全家有压倒性优势

以上海为中心的华东地区,从门店数量上看,全家以超过2 000家门店占据绝对优势,其次是最早进入上海的罗森,到2019年年初,罗森在上海大约开了1 220家门店。7-Eleven于2009年才正式进入上海市场,是由7-Eleven的母公司授权我国台湾统一商超集团经营的,截至2018年11月12日,上海和浙江地区的7-Eleven门店达到141家,其中115家位于上海。

川渝地区:罗森暂时领先

三大日系便利店进入川渝地区的时间相差不多,但发展速度很悬殊。2010年,罗森进入重庆,于2019年突破300家门店。7-Eleven在2011年就进入了成都,到2019年年初有75家门店。2013年,新希望、三井物产、7-Eleven三方成立合资公司作为7-Eleven在重庆的运营主体,目前7-Eleven在重庆约有50家门店。全家便利店于2012年在成都开出第一家门店,截至2019年年初,在成都有74家门店,与7-Eleven规模相当。

珠三角地区:7-Eleven先发优势明显

除北京、天津和成都是由日方直接管理外,7-Eleven在其他城市采取的均是区域特许授权。华南及香港、澳门地区的7-Eleven是由香港牛奶国际有限公司经营的,7-Eleven在1992年就在华南市场开设了5家店铺,1997年进入广州市场,截至2019年年初,在华南市场总数超过1 000家。

全家便利店2007年进入广州,2012年和2014年分别进入深圳和东莞,全家在上述三地的门店已经超过了400家。

罗森选择了华中以武汉为中心进行扩张,2016年,罗森进入武汉之前,7-Eleven和全家都暂未踏足这块市场，中百超市是罗森在湖北区域的独家、特许区域加盟商，未来几年，中百超市将在武汉新拓至少500家"中百—罗森"便利店。截至2018年12月，中百—罗森总店数已突破300家。

思考与练习

（1）7-Eleven、全家、罗森三家日系连锁便利店在中国市场扩张分别采取了哪些连锁模式和特许经营模式？

（2）为什么7-Eleven和罗森在中国的部分区域市场采用了区域特许授权模式？区域特许授权模式有什么优势？

模块四　特许经营体系的建立与运营

工作任务二　加盟商模型与全面质量管理

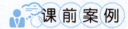课前案例

海澜之家股份有限公司加盟商模型

海澜之家在销售环节主要采取所有权与经营权分离的模式，与加盟商结合为利益共同体，实现低成本快速扩张。

海澜之家的加盟店是加盟商自筹资金、以自身名义办理工商税务登记手续设立的，加盟商拥有加盟店的所有权；为保证海澜之家全国特许经营体系统一的营运管理模式和品牌形象，所有门店的内部管理由海澜之家全面负责；加盟商不必参与加盟店的具体经营，只负责支付相关费用；海澜之家与加盟商之间的销售结算采用委托代销模式，海澜之家拥有商品的所有权，加盟商不承担存货滞销风险，商品实现最终销售后，加盟店与海澜之家根据协议约定结算公司的营业收入。

(1) 海澜之家拥有门店的管理权，实际控制了销售渠道，有利于统一品牌形象。

加盟店管理人员和营业人员的招聘、培训、录用、解聘和管理，管理人员和销售人员的报酬标准，在协议期内的铺货、补货和应季换货等具体经营活动均由海澜之家代加盟商具体管理，实际控制了销售渠道。加盟店由海澜之家统一进行形象策划（包括统一的商标、统一的店面厅房形象、统一的员工服饰、统一的广告宣传），统一供货，统一指导价格，统一业务模式，统一服务规范，有利于统一品牌形象。

(2) 加盟商拥有加盟店的所有权，但不必参与加盟店具体经营，降低了加盟门槛，有利于门店快速扩张。

在海澜之家的加盟模式下，对加盟商没有服装行业从业经验的要求，加盟商实际上只需要承担加盟租金或折旧和相关费用，不必具体参与加盟店的管理，从而大幅降低了加盟门槛，可以最大程度地利用社会资源，加速海澜之家的营销网络布局。

(3) 门店商品的所有权和门店经营权属于海澜之家，有利于海澜之家灵活调配商品，促进商品销售。海澜之家可以根据各门店的销售情况灵活调配商品。通过强大的信息系统，海澜之家可以及时掌握所有产品在全国各门店的销售情况，如果出现某些商品在某处滞销而在其他门店畅销的情形，海澜之家可以灵活将该等商品调配到畅销的门店，从而促进商品的销售，减少商品滞销，增加整个海澜之家的销售规模。

(4) 海澜之家拥有门店的经营权，有利于门店管理制度的不断完善。

由于海澜之家拥有门店的经营权，海澜之家可以及时了解在个别门店经营过程中发生的特殊问题，组织人员尽快研究应对措施并完善相应门店管理制度，降低其他门店将来遇

到类似问题时的处理成本。

（5）海澜之家的经营模式减少了销售环节和商品风险溢价，降低了商品零售价，有利于促进产品销售。

海澜之家没有设置各级代理，所有加盟商均直接与公司签订《特许经营合同》，而加盟店已经直接面向消费者，缩减销售环节可以减少逐级加价；加盟店完全不承担存货滞销风险，在销售商品时，也不必在商品价格上增加库存风险溢价。由于公司减少了销售环节和库存风险溢价，降低了商品零售价，而商品的高性价比又能够促进商品的销售。

（6）海澜之家与加盟商有机结合为利益共同体，各司其职、各获其利、共同发展。

在海澜之家销售模式下，加盟商提供门店资源并承担加盟店经营费用，海澜之家负责品牌维护和加盟店具体管理，在所有权与经营权分离的经营模式下实现合作共赢：产品畅销则公司和加盟商均能获利，产品滞销则海澜之家和加盟商均有损失，海澜之家将自身的利益与加盟商的利益有机结合在一起，双方各司其职、各获其利、共同发展。

任务导入

A企业在特许经营可行性分析基础上，开始对特许经营方案进行认真的规划与设计，其中，特许经营加盟模式的设计是重中之重。特许经营加盟模式是对特许经营体系进行控制的关键枢纽。特许经营的成功与否不仅关乎特许人的利益，也关乎大量投资者——受许人的利益，以及社会公众的利益。事实上，世界上大多数成功的特许经营企业都是经过一段时间的准备和筹划后才开始特许经营的（见表4-2-1）。

微课：开展特许经营步骤分析

表4-2-1 国外特许经营企业开始特许业务的时间

品牌	公司成立时间	开始特许经营时间	相隔年限/年
赛百味	1965年	1974年	9
麦当劳	1954年	1961年	7
洲际酒店集团	1952年	1954年	2
肯德基	1930年	1952年	22
DQ	1940年	1944年	4

任务分析

特许经营加盟模式是基于特许人和受许人合作双方基本权利和义务的设计，是保证特许经营持续、有序进行的基础。特许经营加盟模式的选择是整个特许经营体系成功的重要因素，特许经营加盟模式按照特许双方的构成可划分为制造商与批发商特许、制造商与零售商特许、批发商与零售商特许和零售商与零售商特许；特许经营加盟模式按特许权的内容可划分为单店特许加盟模式和区域开发特许加盟模式。

本任务重点锻炼学生对单店特许加盟模式和区域特许加盟模式的掌握与设计。通过本任务的练习，学生可熟悉特许经营加盟模式的各种加盟方式，熟知各种加盟模式的特征及各自的优缺点，掌握选择特许经营授权模式时需要考虑的关键因素，并能够根据企业的实际经营状况设计出适合的特许加盟模式。

任务实施

一、单店特许加盟模式的对比分析

根据学到的知识，完成单店特许加盟模式的对比分析表（见表4-2-2）。

表4-2-2 单店特许加盟模式分析

加盟模式	特征	优点	缺点	典型案例分析
普通单店特许加盟模式				
熟店转让特许加盟模式				

二、区域特许加盟模式分析

根据学到的知识，完成区域特许加盟模式分析表（见表4-2-3）。

表4-2-3 区域特许加盟模式分析

加盟模式	特征	优点	缺点	典型案例分析
区域开发特许加盟模式				
二级特许加盟模式				
复合特许加盟模式				
混合特许加盟模式				

三、任务实施演练

选择在当地有多家分店的一个餐饮企业或者便利店，在对该企业进行调研的基础上，为其设计一个适合的特许加盟模式。

（一）任务目标

通过演练，学生能够进一步掌握特许经营加盟模式设计等实际操作能力，并能撰写企业的特许加盟模式设计报告，掌握特许加盟模式设计的基本原则和方法。

（二）任务环境

多媒体"教学做练"一体化实训室。

（三）任务组织

（1）指导教师讲解实训的目的和要求，协助学生分组并选出组长。
（2）组长要充分调动小组成员积极性，取得小组成员的配合与支持。
（3）学生调研、讨论发言的参与度将计入平时分数。

（四）任务步骤

（1）收集调研企业的背景资料。
（2）分析该企业的特点及其经营管理上的优势。
（3）设计适合该企业发展的特许加盟模式。
（4）撰写该企业的特许加盟模式设计报告书。

（五）任务要求

（1）组内每个成员都要参与。
（2）组长应考虑小组成员的特长合理分配任务。
（3）小组间可开展技能竞赛。

（六）任务指导

（1）复习相关知识，精心组织，合理确定小组成员并分工。
（2）确认要调研的企业。
（3）指导调研所要收集的内容资料。
（4）对调查信息进行处理和分析。
（5）根据分析结果撰写特许加盟模式设计报告书。
（6）召开总结会议，进行交流评比。

任务总结

根据任务实施情况，完成组员表现考核表（见表4-2-4）和专业能力测评表（见表4-2-5）。

表4-2-4 组员表现考核

评价指标	分值/分	组员自评（30%）	组内互评（40%）	教师评分（30%）	最终得分
态度	20				
技能	25				
效率	25				
课程素养	10				
团队合作	20				
总分					

表4-2-5 专业能力测评

项目	分值/分	表现描述	得分
模式分析	30		
任务实施人员分工	10		
任务实施结果	20		
任务结果展示	20		
任务演练完成情况	20		
合计			

得分说明：将每项得分记入得分栏，然后将各单项分值合计计算出本实训项目总得分。得分在90~100分为优秀，75~89分为良好，60~74分为合格，低于60分为不合格，必须重新训练。

知识学习

特许经营手册

特许经营手册是个小册子吗？
——特许经营手册包括文件、视频、音频、图片等资料库。
特许经营手册的编制有顺序要求吗？
——先有商业模式、战略、企业介绍、MI的手册；再按照盈利模式、单店、总部、分部、整体框架、特许权的顺序编制其他手册。手册的编制要全面而且要按照先后顺序。
特许经营手册的使用对象仅仅是特许人和受许人吗？
——其受众有五类人群：特许人员工（人力资源管理手册、财务管理手册等总部职能类）、受许人及员工（单店礼仪手册、店长手册、单店技术手册等单店运营类）、潜在受许人或社会大众（加盟指南、信息披露手册）、准受许人（单店选址手册）、行业主管部门工作人员（备案手册）。

通过完成本工作任务，我能够做以下总结（见表4-2-6）。

表4-2-6　学生自我学习总结

一、主要知识点
1. 学到的知识点：
2. 自悟的知识点：
二、主要技能
1. 学到的技能：
2. 自悟的技能：
三、取得成果
1.
2.
四、经验和不足
1.
2.

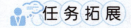 **任 务 拓 展**

拓展阅读一　计算区域加盟商的总加盟金或代理费

招商时,特许人无法回避的一个问题就是按什么标准收取区域加盟商(如一个省内的加盟商或者一个市内的加盟商)的总加盟金或代理费。总加盟金或代理费的计算公式如下:

$$区域加盟商的总加盟金或代理费 = 区域内开店总数 × 单店加盟金 × 区域折扣 \quad (4-2-1)$$

在式(4-2-1)中,单店加盟金是特许人已经确定的,区域折扣也是特许人自己确定的,通常可以是8折。那么,问题就在于如何计算一个区域能开多少家门店。下面结合某连锁企业的实例来讲解具体的五步算法。

第一步,查出该区域的人口数,假设该城市共有600万人。

第二步,计算出区域内有效消费者的人数,计算公式如下:

$$区域内有效消费者人数 = 区域内的人口数 × 有效消费者比例 \quad (4-2-2)$$

按照企业能有效服务人口比例为30%计算,可以得出有效消费者人数为:600万人×30% = 180万人。

第三步,计算出企业的有效消费者人数,计算公式如下:

$$企业的有效消费者人数 = 区域内有效消费者人数 × 预测的企业市场份额比例 \quad (4-2-3)$$

预测该项目初期,企业服务人群所占市场份额比例为1%。因此,有效消费者人数为:180万人×1% = 1.8万人。

第四步,计算出每家店每年能服务的顾客数,计算公式如下:

$$企业每家店每年能服务顾客数 = 核心元素数量 × 核心元素每月服务的顾客数量 × 12个月 \quad (4-2-4)$$

该企业每家店每年能服务的顾客数为:5个工位×每月5个新顾客×12个月 = 300(人)。

第五步,计算出企业在区域内的可开店总数。计算公式如下:

$$企业在区域内的可开店总数 = 企业的有效消费者人数 ÷ 企业每家店每年能服务顾客数 \quad (4-2-5)$$

该企业的可开店总数为:1.8万÷300 = 60(家)。

最后,可以得出:该企业在该城市能开60家店。如此,该城市的区域加盟商总加盟金或代理费就自然而然地计算出来了。当然,如果详细计算,还需要考虑这个区域的顾客群的增长率(数据或为正,或为负)、竞争者的市场增长率(数据或为正,或为负)、本企业的市场占有率的变化（数据或为正，或为负）等因素。

特许人在发展过程中的招商节奏如何把握，除了开一家成一家的稳步节奏、先乱而后治的冒险性节奏等之外，还有直营和加盟的模式变换式的节奏等。

比如，星巴克在进入一个新的市场时，通常采用三步策略。

第一步，先在当地招募区域代理商，由代理商自己开设或招募单店加盟商，借此，星巴克总部在规避了新市场风险的同时还可以观察当地市场对星巴克的接受情况。

第二步，如果当地市场对星巴克的接受度非常高，则星巴克总部会以占股甚至是直接收购的方式夺回当地市场的掌控权，改加盟店为直营店。

第三步，待当地市场发展成熟后，星巴克总部则以基本5:5的比例同时发展直营店和加盟店。

拓展阅读二　海澜之家加盟店的销售管理模式

海澜之家通过加盟店、商场店和直营店向客户销售产品，其中加盟店是最主要的销售渠道。海澜之家门店的销售收入中有90%以上来源于加盟店。

海澜之家利用自身的品牌、管理和产品，通过特许经营和委托代销的方式，采用所有权与经营权分离的模式，与加盟商共同面对市场竞争。在目前的加盟体系下，海澜之家选择加盟商的标准主要有以下几点：

（1）认同公司的理念；

（2）能够在公司认可的位置拥有或者租下店面；

（3）有200万元左右的闲散资金。

因为在现有的加盟店管理模式下，加盟商不需要有专业的服装行业从业经验，该种模式便于更广泛的社会投资者参与到海澜之家中；对于海澜之家而言，该种加盟店管理模式便于海澜之家输出管理，从而使门店不仅在外观形式上统一，在运营管理上也能实现统一。

公司与加盟商在经营风险、收入与利润确认、存货风险等方面做出了以下安排（见表4-2-7）。

表4-2-7　公司与加盟商在经营风险等方面的安排

	加盟商	海澜之家
加盟店的民事责任	承担	不承担
工商局、税务局办理相关的工商税务登记手续、缴纳税费等事宜	负责	不负责

续表

	加盟商	海澜之家
店铺装修及形象规划（含道具布置、相关用品、收银防盗系统、设备设施配备、员工工作服等）	承担装修费用及包装袋等辅料、撬边机、员工工作服等费用，承担对加盟店的定期维护费	整体策划，统一标准；统一提供包装袋等辅料、"海澜之家"全国联网的DRP系统、防盗系统、统一型号撬边机，员工工作服
经营场所的租赁费用，水、电、气、物业管理费、卫生费、电话、仓储等所有经营费用及一切税费	承担	不承担
加盟店的管理人员、营业人员	与加盟店员工签订劳动合同，承担员工的招聘费用及薪资费用	公司以加盟店的名义统一代为招聘、培训、录用、解聘和管理，制定加盟店员工的薪资标准
存货管理	拥有加盟店存货的代销权和保管权，承担所有铺货、补货和应季换货的运费	统一调配所有加盟店的铺货、补货和应季换货，拥有加盟店存货所有权
产品销售价格确定	在统一指导价的基础上可以视其所在地的物价水平上浮或下浮5%以内	制定指导价格
收入确认	按产品实际零售价格确认销售收入	按产品销售指导价的一定比例确定的结算价格确认为销售收入
利润确认	按零售价格确认的销售收入减去支付给公司的商品成本及相关费用后的结余为加盟店利润	按结算价格确认的销售收入减去应结转的产品成本及相关费用后的结余为公司利润
收入确认流程		公司通过加盟店或商场店委托代销的商品，是在收到加盟店或商场店出具的委托代销清单后，按照实际结算价格即净额来开票确认收入。公司委托加盟店或商场店销售商品业务的流程如下：公司将货物发到各加盟店时，做委托代销商品——加盟店按零售价格将货物销售后，电脑系统会自动将货物销售信息及时传送到公司总部——加盟店按实际结算价格将货款划转到公司账户——各加盟店出具代销清单——公司根据加盟店提供的委托代销清单，按实际结算价格开具发票给加盟店——公司按开票价格确认销售收入，同时结转相应的销售成本

海澜之家对加盟店的管理主要包括运营管理和价格管理两个层面。通过对加盟店输出品牌和管理，强化对终端的控制力，解决了商业连锁行业中普遍存在的"连而不锁"的问题，同时通过对价格的控制，避免了频繁打折对品牌的损害。

海澜之家报告期内奉行全国统一价的销售价格政策，不以打折为营销手段，主要基于：

（1）海澜之家产品供应链中没有经销商与代理商环节，终端售价相比其他品牌已经有较大的优势。

（2）海澜之家对销售终端有较强的控制力，加盟商没有打折的权利。

（3）加盟商与海澜之家之间是代销关系，加盟商不承担存货积压风险，不必通过打折处理滞销商品。

对于退回商品，海澜之家依托百衣百顺公司对退回商品进行二次采购。

海澜之家对加盟店的销售管控方式和收入确认流程

一、对加盟店的销售管控方式

根据海澜之家与加盟商签订的《海澜之家特许经营合同》，双方约定：

加盟店由海澜之家统一形象策划、统一供货、统一销售价格、统一业务模式、统一服务规范，加盟商只能销售海澜之家提供及许可经营的产品，明确了产品的销售价格、销售款项的结算、委托代销存货的所有权。

二、海澜之家对加盟店的收入确认流程

海澜之家报告期内通过加盟店销售的服装均采取委托代销方式。

根据海澜之家与加盟商签订的委托代销协议，海澜之家委托加盟店销售公司服装，加盟店销售服装的价格在海澜之家统一指导价的基础上拥有一定的自主定价权，海澜之家在收到加盟店委托代销清单后，按协议价与加盟商进行开票结算，并按实际开票结算价格结算委托代销服装的货款，委托代销服装实际售价与协议价之间的差额归加盟商所有。

海澜之家委托加盟店销售商品具体收入确认流程如下：

（1）海澜之家调配中心根据市场行情等因素将货物发到各加盟店时，形成委托代销商品。

（2）加盟店按零售价格将货物销售后，电脑系统会自动将货物销售信息及时传送到海澜之家结算中心。

（3）加盟店按委托代销协议约定将营业货款划转至海澜之家结算中心银行账户。

（4）加盟店每月营业周期结束后按协议价出具门店代销结算确认表并生成委托代销清单。

（5）海澜之家财务部根据加盟店提供的委托代销清单，按实际结算价格即协议价开具

发票给加盟店——海澜之家财务部按开票价格确认销售收入,同时结转相应的销售成本。

加盟指南的内容有哪些?

工作任务三　特许经营项目推广与招商

课前案例

加盟模式

诞生于2013年的沪上阿姨，以现煮五谷茶产品为特色，开创性地将血糯米、红豆、青稞、燕麦等谷物加入茶饮中，提早预见了茶饮行业的健康化趋势。它采用"直营+加盟"的方式实现规模化扩张，门店数量已超过2 300家，主要分布于山东、江苏、安徽、河北、广东等省份，门店存活率超过95%。沪上阿姨将健康的五谷杂粮和茶饮进行搭配，选取健康原料、天然原料（如紫米、糯米等），采用先进的设备和工艺，坚持门店现煮，打造现制新鲜饮品。目前，沪上阿姨拥有椰香双芋、血糯米红豆、芝士稞麦四季春、烤金暮牛乳等多个系列的五谷茶饮，其招牌血糯米奶茶更是创造了单店日销1 200杯的纪录。此外，沪上阿姨以五谷为主线，不断延伸产品线，拓宽品类边界，不断进行产品迭代。

品牌是放大一切的杠杆，沪上阿姨在品牌升级方面从未停下脚步。沪上阿姨的头像，在4年的时间里经过了5次迭代。沪上阿姨创立之初使用了类似樱桃小丸子妈妈的亲切阿姨形象，后来为强化"现煮茶饮"的品牌定位而去掉。如今，为了突出品牌形象，"阿姨"回归，摇身一变成为一个精致时尚的上海俏阿姨。沪上阿姨希望通过年轻、精致的女性形象，拉近与年轻消费群体的距离，而略带复古的设计也和上海老弄堂遥相呼应，土生土长的上海品牌形象更突出了。沪上阿姨成立了"95后"工作小组，不管是产品口感，还是设计风格，都会让最懂年轻人的员工来参与决策。

思考：

假如此连锁经营企业欲采取加盟的方式扩大经营，总部会派出专门工作人员对受许人的资质进行审查，并在其筹备期、开店过程中给予相应的指导与监督。你认为应该从哪些方面组织开展工作。

任务导入

在A企业完成了特许经营体系的构建之后，项目推广就提上了工作日程。特许经营体系的推广是特许经营总部为实现总体战略发展目标，依据总部年度经营计划，在特定的市场区域内和特定的时间段内开设一定数量的加盟店而组织和开展的一系列活动。

任务分析

特许经营项目推广是特许经营企业发展和壮大的重要活动。特许经营项目推广工作的顺利进行，需要通过设立推广活动组织、建立样板店、拟立加盟条件、制定加盟招商文件等步骤。同时，正确地设计推广渠道，选定加盟商，也是特许经营项目推广成功的必要前提。

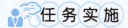

一、媒体及网络推广渠道选择

请搜集资料，选择媒体及网络推广渠道，并完成媒体及网络推广渠道分析表（见表4-3-1）。

表4-3-1 媒体及网络推广渠道选择

媒体类型	优势	局限	主流媒体

二、展会推广渠道工作程序

完成展会推广渠道工作程序表（见表4-3-2）。

表4-3-2 展会推广渠道工作程序

程序		内容解析	备注
企业自身情况评估			
展会选择评估	展会的主题定位		
	展会的影响力		
	展会的管理及配套服务		
	展会的方式及费用情况		
展位的选择	位置		
	通透性		
	借势情况		
	展位提前确定时限		

续表

程序		内容解析	备注
展前工作准备	人员准备		
	物料准备		
	展台的设计与布置		
	参展现场工作人员培训		
	参展前的预热工作		
展会现场管理与推广	展会现场的组织管理（展台经理）		
	展会现场沟通（推广招商人员）		
	展会现场演示（演示人员）		
展会后工作	意向加盟者追踪		
	展会效果评估		

三、加盟商甄选与评估

完成加盟申请人评估参数设定表（见表4-3-3）。

表4-3-3　加盟申请人评估参数设定

加盟商标准	分数等级标准					评估得分
	1 很低	2 低	3 中	4 高	5 很高	
信誉						
资金实力						
行业经验						
加盟动机						
文化素质						
家庭关系						
健康状况						
心理素质						
社会关系						
理念认同						

四、加盟店选址调查评估

对加盟店的选址进行调查，并完成各项评估表（见表4-3-4~表4-3-7）。

表4-3-4　目标城市市场调查评估

项目	分值/分	表现描述	得分
城市类型	10		
城市设施	10		
城市规划	10		
交通条件	10		
经济发展状况	15		
消费者状况	15		
竞争对手状况	15		
媒体情况	15		
合计			

表4-3-5　商圈调查评估

项目	分值/分	表现描述	得分
商圈类型及特性	10		
商圈范围	10		
商圈内人口数及特征	20		
竞争者情况	25		
相关政策法规	25		
合计			

表4-3-6　竞争对手调查评估

调查项目	具体描述
竞争对手名称	
地点	
与本店的距离	
营业面积	
开业时间	
经营定位	
商品品类	
员工人数	
销售额/月	
客流量/日	
服务水平	
宣传促销活动	
竞争优势	

表4-3-7 加盟商选择评估

评估项目	子项	具体考察内容	评价		
			条件优越	符合要求	尚有欠缺
店铺条件	商圈条件	所在区域的繁华程度、商业类型及辐射范围等			
	店址条件	交通状况、附近的公共设施等			
	营业面积	各类型的特许经营企业都有其具体的面积要求			
	客源条件	是否有基本客源、同业的竞争状况等			
资金以及营运状况	保证金	一些加盟企业要求以现金或非现金的担保品作为担保			
	周转金	是否有贷款能力,是否备有初期周转金			
	员工雇佣	对员工雇佣及培训程序是否熟悉			
	经营计划	利润、最低毛利保证、风险及经营初期可能遇到的各种问题			
申请人自身的条件	个人品行	加盟申请人过去的经历如何,是否有不良记录			
	学历和专业知识	是否符合基本的学历要求,是否具备掌握专业知识的条件,能否承担加盟店的管理、营运责任			
	加盟动机和营运理念	申请人对于利润、开业初期可能发生的困难、公司本身的经营状况、公司文化及理念等,必须有心理准备,能接受营运的实际状况			
	个性、潜力及可塑性	个性是否合适,是否有诚意加盟,加盟后能否有热情持续经营,是否具有潜力及可塑性			
	沟通能力	必须考虑是否能配合企业的做法,认同企业的经营理念以达到企业的要求标准			
	健康状况	加盟店事务繁忙,店主身体健康是必要条件			
	婚姻状况	有些特许企业物色加盟商时偏好已婚者,原因是已婚者可能会更有责任感			
	工作经验	具有相同行业的工作经验的加盟者应优先考虑			
其他辅助条件	家庭支持	申请者的家庭是否支持,配偶能否共同参与			
	当地经营商业环境	当地总体消费水平、投资环境、社会治安状况如何			

任务总结

根据任务实施情况,完成组员表现考核表(见表4-3-8)和专业能力测试表(见表4-3-9)。

表 4-3-8 组员表现考核

评价指标	分值/分	组员自评（30%）	组内互评（40%）	教师评分（30%）	最终得分
态度	20				
技能	25				
效率	25				
课程素养	10				
团队合作	20				
总分					

表 4-3-9 专业能力测评

项目	分值/分	表现描述	得分
媒体选择项目	20		
展会推广工作项目	30		
加盟商甄选与评估	50		
合计			

得分说明：将每项得分记入得分栏，然后将各单项分值合计计算出本实训项目总得分。得分在 90～100 分为优秀，75～89 分为良好，60～74 分为合格，低于 60 分为不合格，必须重新训练。

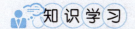

特许经营推广与招商的流程

特许经营推广与招商需要遵循严格的流程，严格的流程既能提高加盟商甄选和加盟店开办的成功率，也能提高推广与招商的工作效率。一般情况下，从推广与招商信息发布到新的加盟店开业，一共需要经历八个步骤。

一、推广与招商信息发布及咨询

在推广与招商信息发布过程中，特许经营企业的推广部门会向加盟申请人发放加盟指南、加盟申请表等资料，并向加盟申请人提供相关的咨询服务，有的还会邀请和安排加盟申请人来特许人公司和样板店参观，其目的在于让加盟申请人对特许经营项目有更多了解，产生加盟的欲望。

二、加盟商甄选与评估

当加盟申请人填好加盟申请表的相关内容并反馈到特许经营总部时,特许经营总部负责特许经营推广与招商的部门会就加盟申请表的相关内容进行认真评估。如果加盟申请人的情况符合加盟的基本条件,则一般会邀请加盟申请人当面沟通,以确认加盟申请人是否符合加盟要求。此过程同样是加盟申请人进一步了解特许人的过程。

三、签订加盟合作意向书

特许人经过对加盟申请人的初步评估后,经过双方沟通,通常情况下,在双方签订特许经营合同之前,还要签订一份加盟合作意向书。签订加盟合作意向书的目的有两点,一方面,为加盟申请人保留资格;另一方面,为签订正式的特许经营合同前的考察预留时间。

四、加盟资格复审

在签订加盟合作意向书后,加盟申请人需要按照特许人的指导和要求选择适合的店址,并准备工商营业登记等事项。在此过程中,特许人会对加盟申请人各方面情况做进一步的调查评估,包括对加盟申请人提供的店址进行调查评估,如果加盟申请人的情况及店址的选择经过评估符合要求,则意味着加盟申请人的加盟资格得到进一步确认。加盟商资质的评估和加盟店选址评估是加盟评估过程中的两个关键环节。

五、签订特许经营合同

在加盟申请人完成加盟前的准备工作,特许人完成对加盟申请人加盟资格的复审后,双方即可正式签订特许经营合同,同时特许人授予加盟商相应的授权证书和标识。需要特别说明的是,特许经营合同的签订还必须履行相关法律的要求。我国《商业特许经营管理条例》规定,在正式签订特许经营合同之日前至少30天,特许人须以书面方式向受许人进行信息披露,并提供特许经营合同文本。

六、加盟商培训

在与加盟商签订特许经营合同后,特许人即开始启动对加盟商及其员工的培训。在培训前,特许人往往要指导和帮助加盟商进行加盟店员工的招聘,包括指导加盟商确认需要招聘员工的岗位、数量、招聘标准、基本的薪酬结构等。

(1)培训对象。当准备开业的加盟店人员招聘到位后,特许人的培训部门即开始对加盟商及其员工进行系统化的培训。一般来说,开业前的培训对象包括加盟商本人、加盟店店长和经理、加盟店其他关键岗位的店员等。

(2)培训内容。除了有关特许经营企业的企业文化、特许经营企业介绍、基础知识等通用知识,一般来说,还需要针对不同的岗位分别安排相应的课程培训。

（3）培训方式。开业前的培训一般采取集中授课和在岗实习的方式进行。集中授课主要是讲述基本的知识、理论、方法、技能。在岗实习一般是在特许人的直营样板店中进行，或者在加盟店正式开业前的试运行期间，由特许经营总部委派培训督导人员进行现场指导，在岗实习主要强调的是具体的岗位操作技能。

（4）培训考核。成熟的特许经营体系，对加盟店即将上岗的人员有严格的培训要求，按照既定课程培训完后，会进行严格的培训考核，对考核合格者颁发培训合格证书和上岗证书，未通过培训考核的人员则禁止上岗作业。

七、加盟店开业前期准备

经过系统培训后，加盟商即开始准备加盟店的开业事宜。由于新的加盟商很多是初次涉入该特许经营业务，即便以前有过相关的经验，对刚加入的特许经营项目运作也缺乏足够的了解，因此开业前的支持对新的加盟商来说非常重要。除了选址和员工招聘与培训，特许人对加盟商的支持一般还包括以下五个方面：

（1）加盟店营建支持。一般情况下，特许人会协助提供加盟店装修设计和经营场所布局规划的相关图纸，以供加盟店参考，特许人还可能提供施工方面的具体标准和相关经验。有的特许经营总部可能设有营建部门，专门负责为加盟店提供设计规划和施工服务。在整个过程中，特许人既是支持辅导者，也是监督者，也就是说，如果加盟店的装修不能达到特许人的要求，特许人可能不会允许加盟店开业。

（2）经营设备、材料提供和采购建议。开业前，特许人须按特许经营合同约定向加盟店提供相关设备和材料。如果不是由特许人提供的，则特许人需要对相关设备、材料的采购提供建议，包括采购渠道，供应商信息，设备或材料的具体规格、标准、数量及价格信息等。

（3）经营策略制定。在市场调查研究的基础上，特许人应帮助加盟店制定在当地市场的经营和竞争策略，包括价格策略、促销策略、公关宣传策略、客户服务策略等。

（4）商品配送。基于加盟店的定位和经营策略，根据特许经营合同约定，特许人应为加盟店提供相关的货品，并且提供货品陈列、销售策略等方面的指导。

（5）开业策划。"好的开始，是成功的一半。"对大多数店面来说，开业都是一次重大的营销活动，因此特许人一般会利用自己的成功经验，指导或协助加盟店进行开业活动策划，以期获得"开门红"的良好效果。

八、加盟店正式开业

在经过精心的准备和策划后，加盟店就可以择日开业了。有的特许经营体系在加盟店开业时，总部会派出专门的督导人员协助加盟店开业，并驻店扶持一段时间，以帮助加盟店走向正轨。

 实 训

通过完成本工作任务，我能够做以下总结（见表4-3-10）。

表4-3-10 学生自我学习总结

一、主要知识点
1. 学到的知识点：   2. 自悟的知识点：
二、主要技能
1. 学到的技能：   2. 自悟的技能：
三、取得成果
1.   2.
四、经验和不足
1.   2.

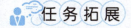

加盟商模型

一、加盟商模型

所谓加盟商模型，就是加盟商加盟某个特许经营体系时所需具备的基本素质要求。如同企业招聘员工的任职资格要求一样，加盟商模型是特许人甄选加盟商的基本框架条件和标准。加盟商模型的建立，有助于明确特许经营推广与招商的目标，提高招商工作的效率，更是寻找优秀加盟商以稳定和发展特许经营体系的重要基础。

二、加盟商模型基本要素

尽管不同的特许经营体系中的加盟商模型具有较大差异，但在形成加盟商模型时，一般都会考虑以下几个基本要素：

（1）企业文化认同程度。企业文化是企业经营管理的基本理念和准则，成功的特许经营企业都有优秀的企业文化，因此，企业文化认同是加盟商成功的根本，也是特许经营品牌文化保障的根本。而且，特许经营是一种长期的合作关系，如果加盟商缺乏对特许经营体系文化理念的认同，也不利于特许人和受许人的长期合作。

（2）加盟动机。不同的加盟商在寻找加盟投资项目时可能有不同的动机。有的加盟商希望通过加盟创业，奋力拼搏发展一番事业，有的加盟商只是想让自有的闲置资金能获得稳定的投资回报，而有的加盟商纯粹是为了个人某方面的兴趣爱好。因此，特许人需要慎重考虑怀有何种加盟动机的加盟商才是最适合的加盟商。

（3）个人信誉。几乎每个注重自身品牌和体系稳定的特许经营企业都会注重加盟商的个人信誉，一个缺乏个人信誉的受许人，不仅可能在与特许人合作过程中缺乏诚信，还可能影响对顾客的服务及与供应商的合作关系。

（4）资金实力。不同特许经营项目对资金的要求有所不同，资金要求可以量化到具体的数字。不同的特许经营体系还对资金的来源有要求，有的允许部分借款，有的则要求全部是自有资金。

（5）经营经验和能力。不同特许经营体系和加盟方式对经验和能力要求不一。有的要求加盟商必须具备同行业和相关行业的经验，有的则对经验和能力没有要求。

（6）文化素质。文化素质是反映加盟商个人素质能力的一个基本指标。文化素质太低，很可能在学习能力、经营管理能力、沟通能力上受到限制。当然，并非只有具有高学历的人才能成为一个合格的加盟商。

（7）身心健康状况。加盟特许经营体系并不意味着保证获得盈利，加盟商需要承担一定的经营风险和经营管理压力，另外，加盟创业需要加盟商付出辛勤的劳动，因此要求加盟商身体健康。

三、加盟商甄选与评估的具体内容及方法

加盟商甄选与评估是特许经营推广与招商流程的关键环节，其核心是通过各种方式对意向加盟商进行调查评估，以判断其是否能成为特许经营体系的合格加盟商。

（1）加盟商甄选与评估的内容。

①加盟申请人的基本情况，主要包括加盟申请人的姓名、性别、年龄、籍贯、联系方式、婚姻状况、家庭情况、身体健康状况、兴趣爱好、受教育程度等。

②职业经验，主要包括加盟申请人的工作经历、经营管理工作经验、加盟其他特许经营体系的经验等。

③加盟理念，主要包括意向加盟者的加盟动机、自我认知、加盟合作理念、管理理念等。

④财务状况，主要包括加盟申请人能够投入的资金量大小、个人收入及资产状况、信用记录状况等。

（2）加盟商甄选与评估的方法。

①问卷调查法。问卷调查法是最常用的甄选与评估方法。特许人设计好加盟申请表和问卷，由加盟申请人填写，加盟申请人反馈申请调查表和问卷后，特许人对加盟申请人提供的信息进行评估。

②面谈评价法。通过加盟申请的初步评估后，特许人一般会约请加盟申请人进行面谈，面谈一般会就申请表中的相关内容进行求证，也会涉及其他相关内容。有的特许经营体系在招募加盟商时，可能需要经历几次面谈，每次由特许经营总部的不同人员就不同内容进行沟通。

③访谈调查法。以电话、电子邮件、见面访问等方式，向对加盟申请人情况知情的人员进行访谈调查。

④委托调查法。委托相关的专业机构调查加盟申请人的银行信用记录、犯罪记录等情况。

⑤实地调查法。在有的情况下，特许人会委派专门的人员到加盟申请人的现工作单位和家庭所在地进行实地调查。

⑥实习考察法。有的特许经营企业会让加盟申请人在特许人的直营店和样板店内实习数天，通过加盟申请人实习过程中的表现来考察其是否适合做加盟商。

⑦培训考核法。培训考核是加盟申请人已经通过前期的资格评估审查后，进入培训阶段的考核评估。成熟的特许经营体系都会有一整套完善的培训体系，对意向加盟商和新加盟商也有严格的要求，如果培训考核没有通过，可能不会获得加盟资格。

思考与练习

（1）特许人必须向加盟申请人披露的基本信息包括哪些？

（2）根据以下材料，分析特许经营企业区域布点战略的优劣。

区域布点战略如同军事上的排兵布阵一样，特许经营企业也需要对自己的单店位置和整体局面进行全盘的规划，即所谓的布点、布局。对于店主，尤其是连锁企业的店主而言，其店址的选择应该遵循的是整体布点、布局战略，而不是片面强调每个单店的得失，要有田忌赛马的整体意识。布点、布局即抢占版图的实际行动。在不同的环境下，需要采取不同的布点、布局战略，以下几种战略可供特许人企业选择应用：

①抢占市镇的黄金地段。人群汇集的商业区是人们主要的消费地点，因此将店开在商业区的黄金地段，是开店者抢占市场时的常用策略，尤其为实力强大、品牌知名的单店所惯于使用，这样可以使新进入的店面迅速扩大知名度和影响力，并获得不错的经济效益。但其缺点是强大的竞争者多，店面租金昂贵，店面稀缺且不容易获得，一旦失败将给企业造成较大的损失，等等。由于租金昂贵、人流密集以及品位等因素，黄金地段有时也是企业展示自己实力和品牌的一个较好舞台，但经营者切勿纯粹为了展示自己而不顾自己的实际情况，因为这样可能会导致相反的结果。

②在目标商圈开店。根据自己的特色、产品或服务范围以及目标顾客的特征，每种类型的单店都会特别或只适用于几种类型的商圈，比如商业区、社区、办公区、交通区、文教区、金融区、厂矿区、娱乐区、景区、综合区等中的一个或几个，我们将其称为该单店的目标商圈。因此，特许人企业或单店在进入某地域进行布点时，可以考虑进占这些目标商圈。

③在交通要道开店。所谓路开到哪里，人就走到哪里。所以，贯穿各城市的主要道路常常是人流最多的地方，也常常成为特许经营企业拓展单店的主要战场之一。但这种布点战略的缺点是季节变化、天气变化、市政规划变化等都会影响单店的生意，而且停车位问题也令人头疼。

④在主要客户群体旁边开店。单店之所以选择某地址，其目的就是便于潜在顾客的到来和购买，因此，单店应学会分析自己的潜在顾客都聚集在什么地方，然后在其旁边开店，即可达到非常好的营业效果。比如文具店、书店、眼镜店就可以选在学校的旁边，超市、便利店就要靠近居民区等。针对目标消费群布点是麦当劳布点的重要原则之一，因为麦当劳的目标消费群是年轻人、儿童和家庭成员，所以在布点上，麦当劳一是选择人潮涌动的地方，如在地铁沿线和交通集散点周边设点；二是选择年轻人和儿童经常出没的地方，比如在儿童用品商店或附近设点以方便儿童进入就餐，在百货商厦和大卖场开店以吸引逛商店的年轻人就餐。

但是这种布点战略同社区开店一样，也有一个消费上限的瓶颈问题。

特许经营的单店布点要随着特许人企业所处的不同经营阶段制定不同的战略，而在设点时除了必须考虑商品补给的可达性之外，最主要的还是应考虑每一间单店所需的市场规模。多大的市场规模可维持一间单店的生存是开店初期就需要评估出来的。在制订布点计划前，针对每一个城市，应依据其消费能力或消费人口估计出市场容量，并精确预估可开店数。当每一个市、区、县都有了基本开店数后，就可根据特许人的体系发展策略来制订布点计划了。

⑤紧随竞争者开店。企业进入某个区域时，可以先找到自己在此区域的主要竞争者，然后在其旁边开店，或者是选择本行业的某个同业一条街进驻。此战略的优点是，如果竞争者选择适当，那么对于新进入的企业而言，可以迅速借竞争者的人气、人流、广告等来打开自己的市场；此战略的缺点是容易遭到竞争者的反击。

⑥搭售布点。这是指单店可以采取借人气的方式布点（比如在超市、交通枢纽、车站、景区等处开店），也可以与另外的单店体系建立战略联盟关系，比如麦当劳在中国准备开"得来速"店时，就果断地与在国内有着3万多个加油站的中石化结成战略联盟，在加油站合作开发"得来速"汽车餐厅。

⑦并购现有网点。如果成本适中、并购对象选择恰当，并购某区域内的现有网点可能是一个非常不错的选择。美国的百思买在进入中国市场时，采取的战略就是并购五星电器，从而在瞬间完成其在中国的众多网点布局。国美电器、苏宁电器等本土企业在扩张领地时，也频繁采取并购的战略。并购的优点是可以迅速、有效地获得既有网点，尤其是在合适的地址无法或很难选择时，并购战略的优势就更为明显；但其缺点是如果操作不当，会给并购者带来极大的风险。

⑧全面覆盖。这是指在某些区域，比如车站、机场、景区等人流高度集中的地方，为了获得最大数量的客户，经营者把店面布置在整个区域的各个关键方位。

为了保证每家店的成功，企业可以根据不同地区的实际情况采取不同的布点战略。比如华住集团在布局酒店时就根据城市级别采取不同的布点战略：在一线城市开店，没有独家商圈范围保护；在二线城市开店，经营数据不好的酒店考虑独家商圈范围保护；在三、四线城市开店，一定有独家商圈范围保护。这是因为，在三、四线城市如果没有独家商圈范围保护，开一个酒店生意会很好，但开多个酒店，消费群会被多家酒店稀释，酒店在短期内生意都会很惨淡，结果可能是一个门店都没有存活。

工作任务四 特许经营督导

课前案例

目前，在日本有10 000多家7-Eleven便利店，有1 000多名督导员负责便利店的指导和管理。便利店督导员的直接领导是区域管理员，设有区域办公室，每位区域管理员负责管理大约10名督导员和80~120家店铺，并对督导员的工作进行指导；区域管理员的上级领导是大区管理员，7-Eleven将日本划分为13个大区，设有13名大区管理员，这些人一般常驻7-Eleven日本总部，主要职责是监督、指导区域管理员的工作。

由此可知，7-Eleven运营督导系统的最基层是督导员，每位督导员管辖7~8家便利店，他们就住在所管辖区域的附近，一周到各个店铺2次，每次在店铺停留指导的时间为3~4小时。督导员不仅要向店铺提出各种好的经营建议，而且必须亲自动手，为加盟店进行示范；督导员还要时刻检测店铺周边的环境变化，据此指导店铺经营；另外，督导员还应遵循公司的规范化管理原则，每次巡视完店铺后，需要将指导、检查的结果和问题做成书面报告，提交给总部。

尽管督导员只是7-Eleven运营督导系统的基层管理人员，但是成为7-Eleven督导员并非易事，成为督导员需要经过5个阶段的培养和磨炼。第一阶段是从事杂务工作，主要是负责卸货，为期半年到一年；第二阶段是做7-Eleven直营店的店员，负责日常店铺经营的具体业务，时间是两年到两年半；第三阶段是做该直营店的店长，负责店铺的经营管理，时间最少为半年。如果作为店长非常出色，就可以进入第四阶段，即接受店铺督导员的系统培训和考核。培训和考核合格后，才开始第五阶段的磨炼，即督导员的实习阶段，时间为2~3个月。总之，在日本7-Eleven，要成为一个合格的督导员，需要3~5年的时间。

虽然不是每个特许经营企业督导员的成长和选拔都像日本7-Eleven那么漫长和严格，但是可以看到，作为督导员，一方面需要具备丰富的店铺管理经验，另一方面要具备督导的专业知识和技能。

任务导入

当A企业的经营步入正轨，进入日常营运阶段后，其任务主要可以分为两部分，一是不断发展加盟店，二是做好对特许体系的监督和管理。在特许经营中，特许总部和加盟店之间要相互信任，但单纯地依靠信任来实施管理是不够的，因此，建立特许经营督导体系就成为特许体系有效管理和控制的重要环节。

任务分析

在特许经营体系中，督导通过对加盟店的运营信息进行综合分析，来不断调整和改善计划和经营中存在的不足，达到对特许经营体系实现有效控制和管理的目的，从而确保特许经营体系的健康发展。在督导任务中，了解督导工作的主要内容及正确记录督导的检查结果是经营管控体系的重要环节。

任务实施

一、督导工作内容分析

对督导工作内容进行分析，并完成督导工作内容分析表（见表4-4-1）。

表4-4-1 督导工作内容分析

序号	工作内容		分析
1	商品	店面商品构成	
		商品陈列	
		商品价格	
		库存和盘点	
		其他	
2	店面	店前空间	
		店面外观	
		橱窗摆设	
		店内布局	
		陈列设备及用具	
3	销售	销售状况	
		促销状况	
4	顾客服务	服务程序	
		服务内容与质量	
		接待顾客技术	
		顾客档案管理	
		顾客服务的相关硬件与软件状况	

续表

序号	工作内容		分析
5	人员	仪表	
		言谈举止	
		数量	
		出勤及上岗情况	
		岗位技能	
		人类资源管理的其他方面	
6	其他	培训状况	
		宣传手段	
		合同履行情况	
		CIS贯彻实施情况	

二、督导现场工作检查记录

完成督导现场工作检查记录表（见表4-4-2）。

表4-4-2 督导现场工作检查记录

门店名称	检查人员	检查项目	满分	得分	检查情况描述

任务总结

根据任务实施情况，完成组员表现考核表（见表4-4-3）和专业能力测评表（见表4-4-4）。

表4-4-3 组员表现考核

评价指标	分值/分	组员自评（30%）	组内互评（40%）	教师评分（30%）	最终得分
态度	20				
技能	25				
效率	25				
课程素养	10				
团队合作	20				
总分					

表4-4-4 专业能力测评

项目	分值/分	表现描述	得分
督导工作内容确定	50		
督导工作检查记录	50		
合计			

得分说明：将每项得分记入得分栏，然后将各单项分值合计计算出本实训项目总得分。得分在90~100分为优秀，75~89分为良好，60~74分为合格，低于60分为不合格，必须重新训练。

知识学习

督导要实现对特许加盟店的支持、服务和监督管理，维护特许经营品牌和特许经营体系的稳定发展，必须具备良好的运营与督导管理方法。

一、现场督导

现场督导就是特许经营总部的督导定期或不定期地到加盟店现场进行调研、诊断，并对加盟店的日常经营及加盟店员工的岗位操作进行指导和监督。

现场督导几乎可以涉及加盟店经营管理的各个方面，包括店面形象与环境、员工态度技能、日常作业流程、产品或服务质量品质、客户服务质量、营销策略、财务与会计报表等。

现场督导是一种正式的交流与检查，督导部门或督导人员可以随时对加盟店经营的各个方面进行检查，通过正式的渠道获得相关的数据。当然，当加盟店知道有督导来检查时，可能会积极表现，做出与平时不一样的举动和行为，或者隐藏不利问题，导致督导结果不一定能真实地反映员工的工作行为和状态。因此，有的时候，现场督导也可能事先并不通知加盟店，而是采取"突然袭击"的方式进行检查。

二、远程督导

远程督导是指特许经营总部的督导人员不在加盟店的现场，而是通过管理信息系统、加盟店的经营报表、书面报告或口头汇报等方式获得加盟店的经营管理信息，发现加盟店存在的问题，并给予相应的指导和建议。在信息技术日益先进的今天，许多特许经营体系都建立了远程视频管理系统，通过远程视频管理系统，特许经营总部能够实时了解并掌握加盟店的经营动态，及时对加盟店予以指导和监督。另外，特许经营总部的一些新政策、新标准、新技术、新营销策略方式的推出，也可以通过系统直接传达给受许人及其加盟店。

三、神秘顾客

神秘顾客，即影子顾客，是指特许经营企业聘请经过专门培训的人员，以顾客的身份、立场和态度来体验加盟店的服务，从中发现加盟店经营中存在的问题。神秘顾客的监督方法最早是由麦当劳、肯德基、罗杰斯等跨国公司引进国内的，之所以叫神秘顾客，就是因为员工都不知道哪位是神秘顾客。

神秘顾客暗访这种方式之所以能被企业的管理者采用，原因就在于神秘顾客来无影、去无踪，到店没有时间规律，这会使加盟店的经理和员工时时感受到某种压力，不敢有丝毫懈怠，时刻保持饱满的工作状态，从而提高了员工的责任心和服务质量。而且，神秘顾客所观察的是服务人员无意识的表现，从心理学和行为学角度来看，人在无意识时的表现是最真实的。

神秘顾客在消费的同时，也会和其他消费者一样对商品和服务进行评价，对于发现的问题，神秘顾客会与其他消费者有同样的感受。

四、督导检查表的制定

使用督导检查表是督导管理常用的方法，通过督导检查表，特许经营总部能够准确记录加盟店经营的具体情况，反映存在的问题，并对加盟店的运营状况进行量化的评估和考核。

五、督导员

督导员是指负责对特许加盟店的日常经营管理进行指导、监督，隶属于总部或地区分部的管理人员。在特许经营体系中，督导员是总部和加盟店之间的桥梁，既是总部的管理代表，也是加盟店的经营管理顾问，因此督导员是特许经营体系中非常重要的岗位。

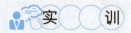

通过完成本工作任务，我能够做以下总结（见表4-4-5）。

表4-4-5　学生自我学习总结

一、主要知识点
1. 学到的知识点：   　2. 自悟的知识点：
二、主要技能
1. 学到的技能：   　2. 自悟的技能：
三、取得成果
1.   　2.
四、经验和不足
1.   　2.

任务拓展

神秘顾客弥补了连锁加盟店内部管理过程中的不足，其作用主要体现在以下几方面：

（1）神秘顾客的暗访监督，在与奖惩制度结合以后，会带给服务人员无形的压力，促使他们主动提高自身的业务素质、服务技能和服务态度，为顾客提供更优质的服务，且持续时间较长。麦当劳表示，神秘顾客会从普通顾客的角度来考核麦当劳餐厅的食品品质、清洁度及服务素质等的整体表现，能帮助麦当劳管理者和餐厅经理设立对表现杰出的员工的鼓励规则及奖励机制。

（2）神秘顾客可以从顾客的角度观察和思考问题，有利于加盟店更好地认识和改进问题，从而提高顾客满意度。

（3）通过神秘顾客发现问题，有利于加盟店系统地分析问题出现的深层次原因，改进管理方法，完善管理制度，从而增强企业竞争力。

（4）神秘顾客的监督可以强化特许经营体系的监督管理机制，改进服务人员的服务态度，加强内部管理。

（5）神秘顾客在与服务人员接触的过程中，可以听到员工对企业和管理者的"不满声音"，帮助管理者查找管理工作中的不足，改善员工的工作环境和条件，拉近员工与企业和管理者之间的距离，增强企业凝聚力。

当然，神秘顾客的评估工作也有其不足，即这种方法只能从顾客容易着手的方面进行，神秘顾客只能通过观察或与员工进行简单沟通来获得信息，无法深度挖掘管理工作中的深层次问题。

另外，在实施神秘顾客制度时，特许经营企业应该重视神秘顾客的挑选与培训，以保证他们评估工作的真实性。

思考与练习

请对督导人员需要具备的素质和能力进行分析。

模块五

特许经营与加盟创业

 情境导入

　　加盟创业是指采用加盟开店的方式进行创业，是加盟商（受许人）与连锁经营总部（特许人）通过契约的方式，由连锁经营总部向加盟商提供一种独特的商业经营特许权、给予经营管理方面的指导和帮助，加盟商向连锁经营总部支付相应的费用、自主经营加盟店的创业方式。因此，对于受许人而言，加盟创业是一种相对稳妥的创业方式。但要找到适合自身的加盟创业项目并顺利开业，是一项系统工程。一般来讲，加盟创业需要通过特许经营项目可行性分析、特许加盟店开业等主要步骤，具体包括潜在受许人评估自身条件和基本素质、特许经营行业分析、特许品牌及特许人选择、加盟店选址及特许经营合同签订、特许加盟店的筹建与开业等一系列活动。

　　潜在受许人B在加盟前思考了几个问题：加盟哪个特许经营项目？选择该特许加盟项目需要考虑哪些因素？如选择加盟该特许加盟项目，几年后可以盈利？如何做投资回报分析和盈亏平衡分析？选择该特许加盟项目，应如何进行店铺选址？签订合同需要注意哪些事项？

1. 掌握选择特许经营体系的方法；
2. 了解如何进行自我评估；
3. 掌握申请加盟的程序及方法；
4. 了解如何在加盟与创业过程中进行风险控制。

能力目标

1. 能完成特许加盟项目的选择与评估；
2. 能进行适应性评估；
3. 能进行单店财务状况分析和加盟指数分析；
4. 能完成加盟店的开业筹备。

素养目标

1. 提升掌握系统化思维方法的能力；
2. 提高分析问题和解决问题的能力；
3. 提高自主创业的能力。

工作任务一　特许经营项目可行性分析

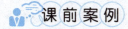
课前案例

现捞卤味加盟经营

近年来,传统卤味市场出现了一种以现捞现售为特色的卤制品。现捞卤味与传统卤味的主要区别在于其采取现煮、现捞、现卖的经营模式。该模式下,门店每天新鲜制作卤菜,并趁热销售,卤味的口感更好,且不易被污染。本案例中的现捞卤味品牌创建于2019年,产品分为三种口味、七大品类共100多种菜品,实现消费群体全覆盖。该公司以低费用、低门槛的加盟条件吸引个人投资者加盟,短短一年多时间就在全国发展了100多家加盟店。

一、经营特点

该现捞品牌的经营特点是"一天一锅,现做现捞"。菜品分为荤菜和素菜两大类型,其中荤菜是主力产品,包括猪类、鸭类、鸡类、牛肉类等,素菜则根据市场上食材的变化进行灵活配置;产品口味有麻辣、香辣、五香三种,制作香料全部由公司提供。产品主要通过门店销售,每个门店一天只制作一锅卤味,做好后即刻售卖,售卖时间在下午4:30—7:00,销售时有专业保温设备,以确保产品售卖和食用时的口感最佳。

二、投资分析

"整店输出,全程帮扶"是该品牌的发展策略。加盟店的整店输出费用为2.98万元,包括开店支持和总部提供两部分。开店支持是指总部给加盟商提供品牌授权、选址服务、技术培训、店面装修方案和开业活动策划等支持服务。总部提供是指由总部一次性向加盟商提供开店所需的主要设备、工作服、包装袋、授权牌等。其他设备、小件费用约0.9万元,门店装修及门头费用约0.66万元。不含房租的总投资约为4.54万元,最高不超过5万元。

三、盈利分析

根据该项目的原料成本和经营数据分析,菜品销售的毛利约50%,平均每天销售560元时,月水电气费用在850元左右,以此类推。人员工资则取决于加盟地区的人均工资水平,店铺每天售卖10千克菜品时需要一个全职员工,销售20~40千克菜品时需要两个全职员工。房租成本对店铺的盈亏平衡点有绝对影响。据总部介绍,现有加盟店的日营业额在 1 000~4 000 元。门店客流量与转化率是店铺能否盈利以及盈利高低的重要因素。

四、店铺运营及措施

（1）加盟店运营状况。2020 年 11 月上旬，某加盟商确定好店址，该位置四周各有一个中等规模的居民小区，但距离门店均有一段不长不短的距离，为 250~800 米。该门店租金为 4.5 万元/年，装修费用为 1.3 万元，店址经过总部确认，总部建议租金水平小于 5 万元/年，该地址符合总部建议。除总部提供的设备之外，加盟商额外添置了 1 000 元左右的辅助设备。通过观察，这个位置的客流量并不大，门店斜对面是一所小学，加盟商视每天下午接孩子放学的家长为潜在顾客。签约之时，加盟商到总部参加了为期两天的业务培训和跟岗实习，随后，总部派人员前来协助加盟商选择货源、指导加盟商加工制作、售卖和开展开业活动。门店开业前印发了 500 张宣传单，门店开业后的两周内，顾客可凭宣传单到店免费领取试吃产品，并享受 8.5 折的开业特价。在试营业期间，门店日营业额为 500~700 元，房租的摊销成本约 120 元/日，人员工资按每天 150 元计算，门店营业额仅仅保本，这与加盟商的经营目标相差甚远。

（2）提升业绩的措施。为了改善经营现状，提高营业额，加盟商很快在经营上做了一些调整。首先，延长营业时间。除了下午 16：30—19：00 的售卖时间不变之外，增加了中午 11：00—13：00 的营业时间，同时对食材处理和制作时间也进行了调整。中午营业给店铺带来了新增客流和销售，但门店的主要营业时间还是在下午时段。其次，上线外卖平台。尽管加盟商的主旨是以门店销售为主，但鉴于当今消费者对外卖的依赖性较强，加盟店在外卖平台上线了外卖业务，并设计了适合外卖平台售卖的菜品＋米饭模式。再次，增加套餐组合。为促进销售，提高客单价，加盟商设计了几种不同的套餐组合，套餐价格有一定折扣。套餐销售在外卖平台的效果优于门店销售，这可能是由于精美的图片广告和实惠的组合售价更能吸引外卖顾客的眼球。最后，微信公众号推广。加盟商以 5 000 元价格在本地一个美食公众号的头版头条进行了宣传推广，推广之后的一周内，门店增加了 400 多个粉丝。

任务导入

创业者 B 目前打算采取加盟方式进行创业，首先面临的是加盟行业的选择、加盟品牌的确定、特许人的考察、加盟费是否合理等可行性分析和调研工作。此外，还有"选择该特许加盟项目，几年后可以盈利"等问题。创业者 B 需要不断调研、沟通，对拟加盟的店铺进行员工工资、店铺租金、产品成本等一系列核算，最终完成特许加盟项目的选择与评估。

任务分析

创业者 B 要实现创业目标，获得回报，首要工作是对潜在特许经营体系的产品、盈利能力、经营方法和人员进行有效评估，使加盟创业在科学依据下顺利进行。

一、产品评估

潜在受许人选择特许经营体系时，首先要分析其将经营的产品或服务，并对产品进行评估（见表5-1-1）。掌握产品质量、价值以及产品的需求情况十分重要。选定的产品必须确保货源充足，这一点很关键。有些新成立的特许经营体系知名度或认可度不高（这可能会严重阻碍受许公司取得成功），但消费者的认知度应该很高。潜在受许人还应该了解产品的养护要求、维修和使用方法。不懂技术的受许人是无法经营技术产品的。

表5-1-1　产品评估

项目＼等级	5	4	3	2	1
产品或服务					
口碑好					
客户需求					
市场持续增长					
产品安全性					
获得专利权/有担保					
符合自身利益					
符合自身个性					
未来需求					
十分理想					

等级：5＝优秀，4＝高，3＝一般，2＝低，1＝差。

二、盈利能力评估

潜在受许人应评估各个特许机会的盈利能力，并整理成盈利能力评价表（见表5-1-2）。有些特许人提供企业盈利提成或提成报告。从这些基本信息披露文件中可以看出项目的潜在收入情况以及运营资金要求。此外，潜在受许人还能通过信息披露文件中公司综合财务报表中的受许公司收入总额粗略估出收入水平，由此推测特许经营体系中各受许公司的平均收入水平。从特许专利使用费也能估算出某个行业的销售收入总额。例如，如果特许专利使用费是年总销售额的5%且特许专利使用费平均为17 500元，那么各公司的年销售额平均为350 000元；如果各公司的平均收入为40 000元，则用40 000元除以5%得出各公司的平均销售额为800 000元。确定销售利润率和营业成本也可以通过拜访现有受许人，向他们了解情况并征求意见。不管通过什么途径获得资料，都必须分析特许人当前的财务状况。

表 5-1-2　盈利能力评价

等级 项目	5	4	3	2	1
盈利能力					
利润					
销售成本					
人工成本					
费用					
投资收益					
盈利提成					
预期收入					
创立成本					
特许费					
特许专利使用费					
广告费					
其他费用					

等级：5＝优秀，4＝高，3＝一般，2＝低，1＝差

三、经营模式评估

潜在受许人在选定特许经营体系前必须了解获得成功应采取的经营方式和商业模式。潜在受许人除了要了解销售方式、服务和维修方法外，还要了解特许经营公司的会计、财务、营销以及管理制度、产品分销渠道，特别要了解推销方法。此外，受许人还要弄清特许人提供的培训和长期支持情况。有的特许人提供的长期性服务范围很广，而有的则是受许公司一经启动就很少再进行支持。潜在受许人还应该清楚受许公司和公司直营店铺的数量以及特许人的从业时间。潜在受许人还应该明确该特许经营公司是不是国际特许协会会员。

通过对经营模式中各个流程的了解，完成经营模式流程评价表（见表 5-1-3）。

表 5-1-3　经营模式流程表评价

项目	经营模式等级				
	5	4	3	2	1
营销					
促销					
品牌认知					
管理					
培训					

续表

项目	经营模式等级				
	5	4	3	2	1
会计					
选址					
公司总部地址					
服务/维护					
经济资助					
被特许公司数量					
广告					

等级：5＝优秀，4＝高，3＝一般，2＝低，1＝差。

四、人员评估

潜在受许人选择特许经营体系时，最重要的就是要了解未来一起共事的同事。潜在受许人应拜访各特许经营体系经理并探讨特许经营体系的流程。特许经营具有契约性，需要特许人和受许人相辅相成、紧密合作。特许经营人是特许经营体系实力的体现，也是最重要的资源。潜在受许人要对特许经营体系的所有相关人员进行调查，包括特许经营公司职员及主管人员，潜在受许人还要弄清特许人是否有不好的名声，比如是否曾为了迅速取得特许费和佣金而草率出卖特许权。潜在受许人应该向特许人正式咨询该公司的相关情况，这一沟通十分重要。特许人一般会回复一份组合文件，文件包括面向所有潜在受许人的宣传资料。这份组合文件还会包括特许人的信息披露文件、机密资格表及机密财务报表。如果潜在受许人要与特许人进一步磋商，则应填写一张个人申请表和财务状况表，并寄给特许人。特许人或销售代表收到这些报告后，通常会与感兴趣的潜在受许人进行一次私人会谈。此外，受许人还应积极通过各种渠道收集特许公司的其他相关资料，如可以到图书馆查询或联系商会及当地的企业联合会，这些渠道通常会提供与特许公司相关的有效信息。

根据了解到的信息，完成特许经营企业的人员评估表（见表5－1－4）。

表5－1－4　特许经营企业的人员评估

项目 等级	5	4	3	2	1
总部负责人					
运营经理					
销售经理					
服务部门人员					
广告与促销人员					
财务人员					

续表

项目 \ 等级	5	4	3	2	1
人资与培训人员					
制造与运营人员					
区域支持人员					

等级：5＝优秀，4＝高，3＝一般，2＝低，1＝差。

任务总结

根据任务实施情况，完成组员表现考核表（见表5－1－5）和专业能力测评表（见表5－1－6）。

表5－1－5　组员表现考核

评价指标	分值/分	组员自评（30%）	组内互评（40%）	教师评分（30%）	最终得分
态度	20				
技能	25				
效率	25				
课程素养	10				
团队合作	20				
总分					

表5－1－6　专业能力测评

项目	分值/分	表现描述	得分
产品分析	25		
模式分析	25		
盈利能力分析	25		
人员分析	25		
总分			

得分说明：将每项得分记入得分栏，然后将各单项分值合计计算出本实训项目总得分。得分在90～100分为优秀，75～89分为良好，60～74分为合格，低于60分为不合格，必须重新训练。

知识学习

特许加盟的实质是一种知识产权的输出，特许经营企业（即特许人）将自己的品牌商标、专有技术等经营资源,以合同形式授权给其他经营者(也称为受许人或加盟商)使用。对于那些有一定资本、希望从事商业活动,但苦于没有经营技术的企业和个人,可以通过加盟利用特许经营企业总部的品牌、技术和商誉开展经营,还能享受总部全方位的服务,成功的机会比较大。

根据特许人赋予受许人(加盟商)特许经营权所包含内容的不同,特许加盟可以分为生产型、产品—商标型和经营模式型三种类型。对于以创业为目标的个人投资者而言,主要采用的是后两种。

产品—商标型的加盟商在经营中较为简单,在获得特许品牌的经销授权之后,加盟商只要销售特许人的产品即可,获利方式是产品的进销差价,经营中不涉及产品的生产制作,用工成本也较低,绝味鸭脖、来伊份、特百惠、谭木匠等都属于这种类型。

经营模式型的加盟商则需要按照特许人设计好的单店经营模式来运营,原料采购、生产制作、产品销售等所有环节都要参与,对加盟商的资金实力、经营能力、用工成本的要求会更高。加盟商的获利方式不是依靠产品的进销差价,而是依赖于特许人的经营模式获利,这种加盟模式如果经营成功,获利水平会高于产品—商标型。最典型的例子是肯德基、麦当劳,还有一些奶茶店、餐饮店、洗衣店等。

通过完成本工作任务,我能够做以下总结(见表5-1-7)。

表5-1-7 学生自我学习总结

一、主要知识点
1. 学到的知识点:
2. 自悟的知识点:
二、主要技能
1. 学到的技能:
2. 自悟的技能:

续表

三、取得成果
1.
2.
四、经验和不足
1.
2.

任务拓展

一、拓展项目

调查不同企业的特许总部和加盟店,对不同企业的特许经营体系进行评价。

二、训练情境设计

通过调查不同企业的特许总部和加盟店,掌握对不同企业特许经营进行评价的方法。

三、训练任务

以小组为单位,选取不同企业的特许总部和加盟店进行实地访察,评价不同企业的特许经营体系,并提交评价报告。

四、训练提示

不同小组可以选取不同企业的特许总部和加盟店进行考察,并评价特许经营体系。

五、训练效果评价标准表

根据训练情况,完成训练效果评价标准表(见表5-1-8)。

表 5-1-8　训练效果评价标准

项目	分值/分	表现描述	得分
调查的对象和目的	25		
人员分工	25		
调查方法	25		
报告内容和形式	25		
合计			

得分说明：将每项得分记入得分栏，然后将各单项分值合计计算出本实训项目总得分。得分在 90~100 分为优秀，75~89 分为良好，60~74 分为合格，低于 60 分为不合格，必须重新训练。

思考与练习

结合所学知识，你认为应通过怎样的路径或具体方法来提升营业额？

工作任务二 潜在受许人能力分析

课前案例

上海来伊份股份有限公司

一、模式特点

连锁零售经营模式兼顾了规模化和专业化的特点，即采取配送中心统一配送的操作方式，各连锁门店无独立进货权限。在经营上采取统一品牌、统一店面外观、统一配送、统一服饰、统一进货、统一结算、统一营销、统一管理等形式，打破了传统"一家一店""各自为政"的经营理念。

连锁零售模式在休闲食品的商品品种上实行系列化经营，采用多层次的价格体系，购物更便捷，服务更完善；管理上整合货架、展台、专柜陈列，使产品分类更细化。连锁经营零售模式一方面为休闲食品企业提供了一个展示产品形象的平台，另一方面利用这个平台更准确地贴近消费者。目前，休闲食品连锁专卖店受到了越来越多消费者的青睐与好评，说明这种模式契合了消费市场的变化方向。

二、竞争优势

在经济迅猛发展的今天，以消费者为中心的市场模式已是大势所趋，而连锁经营正适应了这种变革。连锁经营的最大优势就是：借助一个成功的经营模式，复制、推广现有的成功经验和品牌优势，快速扩张。休闲食品连锁零售经营具有以下几大优势：

（1）品牌化经营。能够增强消费者对企业及产品的认同感，提升企业的整体形象，从而增加产品的市场占有率，更有利于品牌宣传，每个门店都是品牌宣传窗口。

（2）服务更人性化。连锁店更贴近消费者，能为消费者提供更细致周到的服务，使消费者获得更好的消费体验。

（3）规模经济效益明显。连锁店统一进货、统一结算、统一营销、统一管理，在经营的各个环节规模经济效益明显。

（4）质量更有保障。连锁经营企业拥有自有品牌，更加注意保护自有品牌形象，商品在进入门店之前必须经过严格检验，确认合格后方可配送到各门店销售，商品质量更有保障。

三、主要经营模式之特许经营连锁模式（加盟模式）

特许经营连锁模式是公司为加盟商提供包括商标、商号、管理营运方法等在内的特许经营系统，经营"来伊份"品牌门店的特许经营业务。公司特许经营体系包括商标、标识、某些标准操作程序、计划、指示、规格、方法、管理、广告技术、标志性计划、独特的内外设计、布置等以及在特许经营业务中实施并发展独特的业务形式和方法。加盟商按照公司提供的操作手册进行规范操作，遵守手册规定的方法、程序和系统。

（1）加盟商甄选。

公司经过多年实践总结出的连锁商业模式的运营经验为开展特许经营连锁提供了借鉴，使特许经营连锁成为直营连锁的有效补充。公司有完整的加盟商筛选评估标准、体系和方法，对加盟商的行业经验、经济实力和商誉、经营理念、业务资源、业务能力和合作意愿六个方面采用面谈、市场调查、行业调查和背景调查等方式进行综合评分，通过多维度的综合评估，符合标准的引入为合作加盟商，并与加盟商签订特许经营合同书。

公司秉承"统一理念、统一标准、统一形象、统一定价、统一采购、统一配送、统一培训"的宗旨，使特许经营加盟门店的选址、装修、配置及加盟门店员工的形象、服务均与直营门店保持高度一致，为顾客提供标准化的优质服务。

（2）加盟商管理。

公司加盟中心对初期加盟商每月进行一次核检，对成熟期加盟商每两月进行一次核检，采用市场调研、门店访谈、清点等方式来进行，核检的内容包括市场情况、产品情况、门店管理、门店员工等。加盟商的销售业绩、系统叫货、员工培训和公司评估的所有内容都记入公司的信息系统，作为年度评审的依据。根据《加盟商等级检核分析报告》的考评结果，公司检查人员在现场对加盟商员工进行培训，连续不合格的员工，将强制要求到公司总部接受培训，完成所有培训课程并取得合格成绩。

任务导入

加盟创业者B在决定进行特许经营加盟前，首先对自身进行了适应性评估，确认自己适合从事特许经营行业以后，创业者B开始着手选择适合自己的特许经营项目并进入加盟程序。

任务分析

加盟者首先要对自身的能力及资源进行适应性评估，在评估状况较好的情况下，开始正式申请加盟。

任务实施

对自身进行评估，完成潜在受许人素质与能力分析表（见表5-2-1）。

表 5-2-1　潜在受许人素质与能力分析

项目		内容	分值
动机水平			
个性			
能力	接受特许人战略能力		
	接受多数人意见能力		
	接受不同意见能力		
	抗压能力		
	沟通能力		
资源	知识及经验		
	资金状况及收益		
	对行业的熟悉程度		
	家庭支持		

任务总结

根据任务实施情况，完成组员表现考核表（见表5-2-2）和专业能力测评表（见表5-2-3）。

表 5-2-2　组员表现考核

评价指标	分值/分	组员自评（30%）	组内互评（40%）	教师评分（30%）	最终得分
态度	20				
技能	25				
效率	25				
课程素养	10				
团队合作	20				
总分	100				

表 5-2-3　专业能力测评

项目	分值/分	表现描述	得分
自身情况分析	100		
合计			

得分说明：将每项得分记入得分栏，然后将各单项分值合计计算出本实训项目总得分。得分在90~100分为优秀，75~89分为良好，60~74分为合格，低于60分为不合格，必须重新训练。

知识学习

众所周知，大多数情况下，加盟的成功率、风险、成功速度、成本回收时长等方面远比独立创业有优势。除此之外，加盟还有很多独立创业不具备的优势，比如可以直接获得优秀的供应链、研发技术和团队支持，可以直接受益于特许人和其他加盟商们所做的广告宣传，等等。然而，加盟这个极具诱惑力的创业方式并不适合所有人。

在决定采用加盟的方式实现自己的创业梦想之前，你必须得借助以下几项分析确定自己是否适合做一个成功的或者合格的加盟商。

首先，你要明白加盟商是雇主和雇员之外的第三种职业，兼具雇主和雇员的部分特点。比如，在雇主属性方面，加盟商是一个独立的雇主或企业主，必须像企业主那样学会享受孤独、甘冒风险、将大量时间用在工作上等；在雇员属性上，加盟商又必须得听从特许人的统一化管理，加盟商并没有完全的决策自由，或者说可自由决策的空间可能会非常小。

其次，在创业资源上，加盟商需要的资源和独立创业需要的资源有很大不同。比如资金方面，虽然从长期来看，加盟创业的资金需求通常比独立创业少，但开业前加盟商仍需要准备较多的资金以用于一次性投资，因为除了正常的开店费用之外，加盟商还得支付可能为数不低的加盟金、保证金及为最低铺货数量支付的货款等。

再次，加盟商必须在心态上做好准备。比如，从经过努力奋斗得来的营业收入中必须拿出10%甚至更多作为权益金交给特许人；在经营中的发明、革新等的产权极大可能是归于特许人的；辛辛苦苦把门店周围的商圈市场打通之后特许人却拒绝加盟续约。打拼赢得的品牌商誉给特许人做了嫁衣，经营多年的行业资源因为竞业禁止的条款使加盟商在退出之后的很多年内都不能再利用，等等。如果上述的可能性你都不能接受，那么最好不要做加盟商，因为你极有可能在加盟中或之后有拉扯不断的纠纷。

最后，你要理解世界上所有的事物都具有双面性，即有利有弊，加盟也不例外。除了优势之外，加盟还有很多弊端，比如你必须遵守特许人的统一化规定，你的本土化和个性化会受到限制，特许人的决策失误会连累你，其余加盟商和直营店的丑闻也可能使你一损俱损，等等。

总而言之，在准备采用加盟的方式走上创业之路前，请务必对照以上几项内容看看自己是否在各方面都做好了充足的准备。

通过完成本工作任务，我能够做以下总结（见表5-2-4）。

表 5-2-4　学生自我学习总结

一、主要知识点
1. 学到的知识点：   2. 自悟的知识点：
二、主要技能
1. 学到的技能：   2. 自悟的技能：
三、取得成果
1.   2.
四、经验和不足
1.   2.

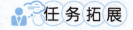

任务拓展

投资特许经营前的自我测试

下面有 20 道测试题，请从选项中选择最接近自己情况的一项，全部完成后参照最后的评分标准看看现在的你是否适合成为加盟商。

请注意，这一测试要求你填写自己的真实想法和做法，而不是选择最正确的答案，备选项也没有好坏之分。不要猜测哪个答案是"正确"的或哪个答案是"错误"的，以免测验结果失真。

1. 你的年龄是多少？

A. 25 岁以下或 55 岁以上

B. 46~55 岁

C. 36~45 岁

D. 25~35 岁

2. 你对体面的生活感兴趣吗？

A. 当然，买的彩票中一次大奖就行

B. 不知道，我觉得现在活得就很舒服

C. 当然，只要不用工作得太辛苦就行

D. 我的机缘无限，肯定能通过自己的努力实现理想

3. 你明确自己的目标，并且准备坚持完成它们吗？

A. 我没有制定目标的习惯，有没有目标无所谓

B. 我以前没试过，不过，如果你告诉我怎么做，我愿意试试

C. 是的，我的目标就是通过投资创业，至于是自己独立创业还是加盟一个品牌还没想好

D. 我的目标是通过加盟一个好的品牌，在我喜欢的行业成就自己的事业，要不然我投资做什么呀

4. 驱使你通过加盟成就自己事业的动力有多强？

A. 我必须独立经营管理吗？我投资找别人经营行吗？

B. 不大确定，让我想一想

C. 如果我专心去做，我加盟成功只是时间问题

D. 我有能力通过加盟一个好的品牌而成为一名成功者

5. 你是否有足够的精力和体力去适应日复一日，甚至没有节假日的经营活动？

A. 什么，做了投资人还得亲自经营加盟的项目？

B. OK，只要能在周末和晚上休息就行

C. 当然，我不在乎劳累，只要有钱赚

D. 当然，为了自己事业的成功我不惜任何代价

6. 你有足够的资金帮你度过加盟业务开始时的困难时期吗？

    A. 我加盟的项目开始经营后，每个月的收入首先得还贷款

    B. 我最多能抵挡3个月的困难期

    C. 我预留了至少半年的流动资金

    D. 我在其他方面还有投资和收入，资金不是问题

7. 你的亲朋好友支持你吗？

    A. 他们能提供一些生活上的帮助

    B. 他们能够给予事业上的支持

    C. 他们能够给予资金上的支持

    D. 他们全方位支持，与我共进退

8. 你的个人意志有多强？

    A. 我不喜欢这个问题，它让我紧张

    B. 我自认为很坚强，只要外界的干扰不是很大

    C. 我坚信我自己的价值和创造、把握机缘的能力

    D. 坚如磐石，我就是自尊、自信、自强的化身

9. 你认为排除前进道路上的阻碍，努力完成任务是乐趣吗？

    A. 可是有些事情可能永远也完不成

    B. 哪有什么真正完成了的任务呀

    C. 虽然有时会直接避免障碍免得造成麻烦，但通常是这么认为的

    D. 我一贯这么想，也这么做

10. 你喜欢解决问题吗？

    A. 不，我讨厌有问题

    B. 特许商不是应该为我解决问题吗？

    C. 是，我喜欢尝试解决各种问题

    D. 是，解决问题能力强是我最大的优势

11. 在需要做出决策的时候，你是否经常想："再让我仔细考虑一下吧？"

    A. 经常　　　　　B. 有时　　　　　C. 很少　　　　　D. 从不

12. 你在做重要的计划时常忽视其后果吗？

    A. 经常　　　　　B. 有时　　　　　C. 很少　　　　　D. 从不

13. 你是否因不愿承担艰苦的事情而寻找过各种借口？

    A. 经常　　　　　B. 有时　　　　　C. 很少　　　　　D. 从不

14. 你是否为避免冒犯某个或某几个有相当实力的客户而有意回避一些关键性的问题，甚至表现得曲意奉承呢？

    A. 经常　　　　　B. 有时　　　　　C. 很少　　　　　D. 从不

15. 你是否无论遇到什么紧急情况，都习惯先处理琐碎的、容易做的日常事务？

A. 经常　　　　　　B. 有时　　　　　　C. 很少　　　　　　D. 从不

16. 你是否常来不及躲避或预防困难情形的发生？

A. 经常　　　　　　B. 有时　　　　　　C. 很少　　　　　　D. 从不

17. 你是否有较强的心理承受能力去接受可能出现的挫折和失败？

A. 加盟了还会有失败，特许商是不是应该弥补我的损失啊

B. 没经历过，到时候才知道

C. 暂时的挫折我想还是能承受的，只要最终能赚钱

D. 投资嘛，收益与风险总是相伴的，只要我尽力了就无怨无悔

18. 你喜欢与人交往吗？

A. 我不太擅长与人交往

B. 我与人交往比较被动，一般与熟悉的人交往多

C. 我性格外向，喜欢与人交往，只要是不讨厌的人

D. 是，我擅长与各种不同背景、不同文化层次的人打交道

19. 你喜欢与人共事吗？

A. 我只想一个人干

B. 是的，和训练有素的人一起工作能提高效率

C. 没错，不过不同的人要不同对待

D. 正是因为和别人一起融洽共事才让工作变得有趣

20. 你喜欢让别人替你做自己不愿做的事吗？

A. 经常　　　　　　B. 有时　　　　　　C. 很少　　　　　　D. 从不

计分标准：

1. 选 A 得 1 分；选 B 得 2 分；选 C 得 3 分；选 D 得 4 分。

2. 40 分以下，说明你的个人素质与加盟者/创业者相去甚远，打工也许更适合你。

3. 40～49 分，说明你不算勤勉，应彻底改变拖沓、低效率的缺点，否则创业只是一句空话。

4. 50～59 分，说明你在大多数情形下充满自信，但有时犹豫不决。不过没关系，有时候犹豫也是一种成熟、稳重和深思熟虑的表现。

5. 60～80 分，说明你会是一个高效率的经营管理者，更会是一个成功的加盟商，你还在等什么呢？

思考与练习

案例分析：调查显示，尽管很多非常优秀的特许经营品牌在各地都有若干成功的实例，但是总会有或高或低的失败率。同样的管理模式、同样的支持和指导、同样的供货体系，却出现了不同的经营结果。究其原因，关键因素就是加盟动机。

香港 CC 服饰是本色、自由、都市时尚女孩的代表，其 DIY 服饰搭配新概念是香港最

新流行的一种时尚经营模式。CC服饰区别于传统的单品、单一的购物方式，店内配搭师或店长是门店专业的形象顾问，为每一位顾客提供专业的"个人色彩诊断和服饰搭配指导"。CC服饰将精心设计的时装、鞋、包、帽、腰带、围巾、饰品等系列产品，形成多样的配搭，月月推新款，天天有创新，让顾客在DIY概念店中自由选购和搭配，在轻松、时尚的氛围中享受一站式的购物体验。

由于经营理念独特，CC服饰的经营效益不错。据CC服饰总经理介绍，每年有意加盟CC服饰的合作伙伴往往超过预期。不过，经过多次考核之后，对于部分准备加盟的合作伙伴，CC服饰所做的工作不是说服他们加盟，而是说服他们放弃。"因为我们认为如果加盟商不了解服装，对服装没有一定的激情，是很难将服装做好的，更何况其加盟动机不符合我们的要求。"至于总部，出于加盟契约，总部肯定会全力支持加盟商，更何况加盟商的成功也代表着品牌的成功。加盟除了可以带来利润、拓展市场外，也有利于招募新的投资者加盟。但是，假如加盟商认为加盟后就可以躺着什么也不干，一切由总部来管理，不做投入，那加盟商最后就只有站到失败者的队列中了。

点评：加盟失败的常见原因包括加盟动机偏颇、加盟时资金调度失常、加盟前未做详细调查、签约前未周密考虑、自己经营不善等。但从国内外众多失败的案例可以看出，最重要的失败原因还是加盟动机偏颇。很多加盟者以为一旦加盟一个连锁品牌，就可以躺着什么也不干，一切由总部来管理。连锁总部虽然拥有若干在他处经营成功的实绩，但在他处由别人经营成功的例子，并不表示在本地就会成功。必须牢记，总部和加盟店是两个完全不同的事业体，总部提供（销售）给你的，只是一套加盟营运组合，你必须按照总部的经验和指导，按部就班而切实地去执行，才有可能获得成功。

因此，CC服饰不是一味追求扩张速度，而是严格把关加盟门槛，主动劝退那些加盟动机有问题的申请者，这不仅是对加盟申请者负责，同时也保证了自身品牌加盟商经营的成功率，提升了品牌在市场上的影响力和美誉度，为未来高质量扩大连锁经营规模打下了扎实的基础。

工作任务三 加盟创业风险控制

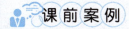

名创优品为什么发展这么快？

名创优品于2013年成立，到2019年，已经在全球79个国家和地区开设了4 000多家门店，营收达200亿元。

从表面看，名创优品快速扩张与其所采取的"投资加盟模式"息息相关，即门店投资（通常一个门店投资200万元左右）由加盟商负责，门店货品供应和运营由总部负责，门店人员成本、房租、运营费用由加盟商承担，门店营收的38%归加盟商所有。在这种模式之下，名创优品能实现"轻资产、强掌控"的快速连锁扩张。从更深层次看，是名创优品能让门店盈利赚钱，否则，也不会在短短几年内有那么多人愿意成为其投资加盟商。名创优品门店的良好业绩，主要基于以下策略：

第一，定位清晰，受众群体多。

名创优品的目标顾客定位为城市18~35岁的年轻人，尤其是女性，这些人是城市的主流时尚消费人群，很容易受社会潮流、外观设计、品牌爆款、活动促销的影响。精巧又便宜的家居百货更是可以规避电商冲击，因为这些小东西的设计有创意，价格便宜，很容易冲动购买。

第二，品牌塑造，品质简约风。

名创优品奉行"简约、自然、富质感"的生活哲理和"回归自然，还原产品本质"的品牌主张，致力于为消费者提供"优质、创意、高性价比"的产品。

第三，选址精准，潮流时尚店。

名创优品的选址主要是在城市的购物中心、百货店、商业街，这些都是城市时尚消费人群的主要去处，聚集了大量的客流，大量的客流为名创优品带来惊人的销售收入。

第四，商品管理，优质低成本。

名创优品将优化商品结构和商品管理列为首要任务，围绕定位的目标人群不断推出具有设计感的高性价比商品。名创优品选择直接和优质的制造商合作，而大规模的销量使名创优品在大规模采购时可以降低成本，同时有效控制了产品质量。公司直接控制各门店的货品进出和销售数据，能够及时了解商品的销售情况，及时调整商品结构。

思考：

（1）根据以上案例资料，分析名创优品快速发展的原因。

（2）名创优品的门店能够有良好的经营业绩，是因为其采取了哪些重要策略？

任务导入

加盟商 B 认识到加盟创业过程中虽然充满了机遇,但也会遇到意想不到的风险,要应对未知的挑战。为了提高加盟创业的成功率,加盟商 B 要做好充分的准备。

任务分析

任何项目都是有风险的,加盟也不例外。加盟商必须充分预估各种可能的风险,并针对各种风险尽可能提前设计好应对之策。其中的关键是要善于借助数据分析的方法,对商业模式、单店财务状况和加盟指数等做出科学的判断。

任务实施

一、数据分析,科学选择商业模式

通过数据分析,完成商业模式评分表(见表 5-3-1)。

表 5-3-1 商业模式评分

序号	一级元素	二级元素	正向描述	权重	模式分数					
1	外在的(有市场)	潜在受许人群体的市场容量	大	15						
2		潜在受许人群体的未来增长率	高	9						
3		是否容易复制	高	18						
4		市场竞争激烈程度	小	3						
5	内在的(擅长)	是否能充分利用及发挥企业的核心竞争力	能	10						
6		是否能充分规避企业的短板	能	5						

续表

序号	一级元素	二级元素	正向描述	权重	模式分数					
7	内外结合的结果（利润或销量）	特许人从受许人处获益的大小	大	10						
8		特许人可持续从受许人处获益的能力	大	15						
9		加盟单店的成功率	高	15						
	总计			100						

评分表使用说明：

第一步，尽可能罗列所有可能的商业模式。这一步的关键在于罗列的全面性，因为如果有模式未被列举，而那个遗漏的模式又恰恰是最佳的商业模式，那么企业就会失去选择最佳商业模式的机会。在穷尽罗列商业模式时，可以用多种方法、从不同角度同时进行罗列，这样可以把遗漏的可能性降至最低。

常用的方法有反向思维法，比如对于养牛企业，如果企业的目的是卖牛肉，那么可以从消费者的角度反向思考：消费者是从什么渠道购买牛肉的？如此，就可以将快餐店、生鲜店、火锅店、卤肉熟食店、电商等渠道或模式自然而然地罗列出来。穷尽罗列商业模式的方法还可以是直接罗列自己已知的所有商业模式。

穷尽罗列商业模式的方法还有头脑风暴法，即邀请相关人士一起开会，参会者开放思维、互相激发，罗列所有可能的商业模式。

穷尽罗列商业模式的方法还可以是调研国内外的所有竞争者，看看市面上的竞争者采取的是什么商业模式。

第二步，根据企业的战略目的，给每个元素赋予权重。根据企业战略目的的不同，相互比较后竖列打分。打分的方法有很多，比如可以由不同的人打分后取平均数。权重的总值为100分。

第三步，给每个模式的对应元素按照正向性描述打分，在同一元素下，相互比较后在横栏打分。每项的满分为100分。

第四步，所有模式按竖列加总得分。

第五步，按得分高低选择最终的商业模式，分数越高，模式的可行性越高。

注意：

（1）当每种商业模式的总得分都非常低时，企业需要重新思考是否有遗漏的商业模式或者数据是否有错误，是否出现了什么意外的特殊情况。

（2）在不同的发展阶段，企业可以根据不同的产品选择不同的商业模式。

(3) 企业可以同时选择几种商业模式，比如采用不同的商标或公司等。

仍以养牛企业为例，假设该企业现在要做连锁店，那么，在从火锅店、中餐店、快餐店（牛肉面、牛肉汤等）、烧烤店、铁板烧店、西餐店、鲜肉店、熟食店等模式中选择时，从最后一行的"总计"结果非常直观展示出，按照得分从高到低，选择模式的先后顺序应该为鲜肉店、熟食店、火锅店、烧烤店、快餐店、铁板烧店、中餐店、西餐店。

根据实际情况，我们既可以选择一种商业模式，比如鲜肉店，也可以选择几种商业模式的组合，比如鲜肉店和熟食店的组合，即在一个大的店内开设鲜肉和熟食两个档口。在招募受许人时，也可以给创业者多种选择，如火锅店＋熟食店＋鲜肉店、火锅店＋熟食店、火锅店＋鲜肉店、熟食店＋鲜肉店等。

二、数据分析，科学预测单店财务状况

通过数据分析，科学预测单店财务状况，完成单店财务预测表（见表5-3-2）。

表5-3-2 单店财务预测

名称	序号	项目	说明	单价	数量	合计	备注
初始投资额	1	加盟金	加盟期				
	2	品牌保证金	无违约到期可退				
	3	装修费	店面装修				毛坯房
	4	办公用具	各区域				
	5	首批进货	成品及试用装				
	6	人员工资	营建期工资				
		小计					
月成本费用	1	房租					
	2	权益金					
	3	人员工资					
	4	日常固定费用					
		小计					
每月盈利	1	每月毛利					
	2	月成本费用					
	3	月净利					
		年净利润					

三、数据分析，科学计算加盟指数

根据加盟指数的具体指标与计算方法表（见表5-3-3），对选定的加盟企业进行评分。

表 5-3-3 加盟指数的具体指标与计算方法

一级指标	序号	二级指标	加减分规则	最低分或及格分	平均分或一般分
法	1	是否备案	已备案加 10 分，否则扣 50 分	10	10
	2	备案时间	每 1 年加 1 分	1	按实际时间计算
	3	企业法人营业执照或其他主体资格证明	有的加 10 分，否则扣 50 分	10	10
	4	注册商标	有的加 10 分，否则扣 50 分	10	10
	5	国家法律法规规定经批准方可开展特许经营	有批准文件的加 10 分，否则扣 50 分	10	10
	6	至少有两家直营店	有的加 10 分，否则扣 50 分	10	10
	7	至少有两家直营店且经营时间超过一年	有的加 10 分，否则扣 50 分	10	10
	8	按规定进行信息披露	有的加 10 分，否则扣 50 分	10	10
	9	与特许经营相关而被政府部门处罚的	一次扣 10 分	0	0
	10	与特许经营相关而被法院处罚的	一次扣 10 分	0	0
	11	被受许人起诉且败诉的	一次扣 10 分	0	0
	12	符合国家发展规划与政策	符合的加 10 分，否则扣 50 分	10	10
商	13	企业标志	有的加 5 分，否则不加不减	0	5
	14	专利、版权、专有技术等	有一项加 5 分，否则不加不减	0	5
	15	直营店数量	有一家加 1 分	2	5（以每家企业平均 5 家直营店算）
	16	直营店分布的省、市、区	一个省、市、区加 1 分，位于中国港澳台地区和其他国家或地区的，一个加 2 分	1	5（以平均分布 5 个省、市、区算）
	17	直营店成功比率	85% 以下的扣 50 分，86%～95% 的加 10 分，96% 以上的加 40 分	10	25

续表

一级指标	序号	二级指标	加减分规则	最低分或及格分	平均分或一般分
商	18	加盟店数量	有一家加1分	1	5（以每家企业平均5家加盟店算）
	19	加盟店分布的省、市、区	一个省、市、区加1分，位于中国港澳台地区和其他国家或地区的，一个加2分	1	5（以平均分布5个省、市、区算）
	20	加盟店成功比率	65%以下的扣200分，66%~75%的加10分，76%~85%的加20分，86%~95%的加30分，96%以上的加60分	10	60
	21	选址是否容易	很容易的加20分，一般的不加不减，不容易的扣20分	0	0
	22	企业成立年数	每1年加3分	3	9（以平均3年计算）
	23	企业开展特许经营的年数	每1年加5分	5	15（以平均3年计算）
	24	特许人或其关联方过去2年内破产或申请破产	有的扣50分，否则不加不减	0	0
	25	具备完善系列手册	有的加50分，否则扣200分	50	50
	26	具备完善系列合同	有的加50分，否则扣200分	50	50
	27	市场、企划、招商、营建、培训、督导、物流配送、研发等体系与部门健全	缺一项扣30分，否则不加不减	0	0
	28	投资回报率	20%以下的加10分，21%~30%的加15分，31%~40%的加20分，41%以上的加30分	10	18

续表

一级指标	序号	二级指标	加减分规则	最低分或及格分	平均分或一般分
商	29	单店初期投资额	10万元以下的加50分，11万~15万元的加40分，16万~25万元的加30分，26万~50万元的加20分，51万~100万元的加10分，101万元以上的不加分	0	75
	30	投资回收期	6个月以内的加50分，6个月~1年的加40分，1~2年的加30分，2~3年的加10分，3年以上的不加分	0	65
	31	中国特许经营第一同学会"维华会"会员	是的加50分，否则扣50分	0	0
	32	维华商创顾问辅导过	是的加50分，否则不加不减	0	0
	33	维华商创培训过	是的加50分，否则不加不减	0	0
	34	驰名商标	是的加50分，否则不加不减	0	0
	35	老字号	是的加50分，否则不加不减	0	0
	36	董事长或总经理为社会名人	一个加50分	0	0
	37	上市公司	是的加50分，否则不加不减	0	0
	38	有先进的MIS或ERP系统	是的加30分，否则不加不减	0	0
	39	有成熟的电商或O2O体系	是的加30分，否则不加不减	0	0
	40	行业地位	前3名加50分，前4~10名加20分，11名之外不加分	0	35
	41	行业或品牌知名度	著名的加50分，知名的加20分，一般及以下的不加不减	0	35
	42	易于复制与克隆	是的加30分，否则扣30分	0	0

续表

一级指标	序号	二级指标	加减分规则	最低分或及格分	平均分或一般分
商	43	定位清晰	是的加30分，否则扣30分	0	0
	44	特色明显	是的加30分，否则扣30分	0	0
	45	核心竞争力突出	是的加30分，否则扣30分	0	0
	46	市场前景灿烂	是的加30分，否则扣30分	0	0
	47	产品或服务技术的先进水平	落后扣50分，一般不加不减，先进加50分，很先进加100分	0	50
	48	创新能力	有的加30分，否则扣30分	0	0
	49	年营业额	每1 000万元加10分	10	30（以平均年营业额3 000万元计算）
	50	核心产品是自有品牌或自有生产基地生产	是的加10分，否则不加不减	0	0
德	51	与特许经营相关且被媒体负面曝光	中央级媒体一次扣100分，全国级媒体一次扣30分，区域媒体一次扣15分，省市级媒体一次扣10分	0	0
	52	与特许经营相关且被媒体正面传播	中央级媒体一次加100分，全国级媒体一次加30分，区域媒体一次加15分，省市级媒体一次加10分	10	100
	53	对外招商广告中有虚假宣传内容	扣50~100分	0	0
	54	慈善公益活动	全国性的一次加30分，区域级的一次加15分，省市级的一次加10分	10	30
	55	荣誉牌匾奖项	中央级的一次加50分，全国级的一次加30分，区域级的一次加15分，省市级的一次加10分	10	50
	56	产品或服务对消费者的责任心	有的加30分，否则扣30分	0	0

续表

一级指标	序号	二级指标	加减分规则	最低分或及格分	平均分或一般分
情	57	完善的受许人沟通体系	有的加 30 分，否则扣 30 分	0	0
	58	受许人月会、季会、年会	缺一项扣 30 分，有一项加 20 分	20	20
	59	现有和已退出的受许人满意度抽样调查	满意度在 50% 以下的扣 200 分，51%～60% 的扣 100 分，61%～70% 的扣 50 分，71%～80% 的扣 10 分，81%～90% 的加 50 分，90% 以上的加 100 分	50	75
	60	对受许人采取"服务""支持""感恩"而非"管理""管控""施恩"的心态和行为	是的加 30 分，否则扣 30 分	0	0

任务总结

根据任务实施情况，完成组员表现考核表（见表 5-3-4）和专业能力测评表（见表 5-3-5）。

表 5-3-4　组员表现考核

评价指标	分值/分	组员自评（30%）	组内互评（40%）	教师评分（30%）	最终得分
态度	20				
技能	25				
效率	25				
课程素养	10				
团队合作	20				
总分					

表 5-3-5　专业能力测评

项目	分值/分	表现描述	得分
商业模式选择数据分析	30		
单店财务状况数据分析	20		
加盟指数数据分析	50		
合计			

得分说明:将每项得分记入得分栏,然后将各单项分值合计计算出本实训项目总得分。得分在 90~100 分为优秀,75~89 分为良好,60~74 分为合格,低于 60 分为不合格,必须重新训练。

知识学习

创业者采取加盟的方式创业时都会遇到一个很纠结的问题——选择哪个品牌加盟好呢?简单而言,选择加盟品牌通常需要思考以下三个方面的问题:

第一,从自身的角度出发。选择加盟的行业和品牌必须至少符合三个要求:喜欢、擅长和有市场。

首先,就是喜欢。有人说"兴趣是成功之母"。诚然,做喜欢的事情才可能专注和投入,才最有可能取得最大化的成功。创业是非常辛苦的,如果你选择的行业和品牌是自己喜欢的,那么,你就能很好地把事业和生活融合起来,把工作当成一种享受。其次,选择的领域一定是自己擅长的。如果不擅长,就意味着在竞争先机上已经落于人后,如此创业的失败率会非常高。最后,你意欲加盟创业的品牌一定是有市场的,要考虑现在的市场容量、未来的增长率等问题。创业一定要有经济效益,如果你的喜欢和擅长不能为你带来经济效益,那么,这种喜欢和擅长只能是业余爱好,而不能作为创业的选择依据。

第二,从特许人的角度出发。鉴于目前国内特许经营市场上的"盟主"依旧良莠不齐,加盟欺诈和欺骗现象依旧非常严重,所以,加盟商务必要谨慎选择特许人,从特许人的法、商、德、情四个方面进行考察。

法,主要是看这个特许人是否具有法律意义上的资格和行为,包括是否在商务部门备案、是否能在 30 天的冷静期之前按规定对加盟商进行信息披露、是否履行了法规规定的义务等。

商,主要是看这个特许人是否拥有盈利的直营店,盈利的直营店的硬技术和软技术等是否提炼成了手册等的显性知识,这些显性知识是否能够复制到不同地区的不同加盟店并能盈利,静态和动态的特许权是否标准化和规范化,是否有强大科学的特许经营体系和支持团队,等等。

德,主要是看这个特许人是否具备良好的企业伦理道德、政治伦理道德等。如果特许人有破坏环境、浪费资源、出卖国家利益、到处抄袭等恶劣犯罪行为,那么,这样的特许经营是坚决不能加盟的。

情,主要是看这个特许人是否具有人情味。因为再完美的合同也无法覆盖所有权利义务的方方面面,所以,在合同没有约束到的地方,如果特许人能本着双赢的目的把加盟商当成兄弟朋友来帮助或当成消费者来服务,不揪着小错不放,经常设身处地从加盟商利益角度来考虑和行动,那么,这样的特许经营项目是值得加盟的。

特许人必须同时具备法、商、德、情四个方面的要素,理想的特许经营项目缺一不可。

第三，从双方的角度出发。加盟商选择项目时有自己的选择标准，特许人招募加盟商时有一定的加盟条件，所以，一次成功的加盟一定是双方互相谨慎选择后的"联姻"，绝对不能是一厢情愿。

通过完成本工作任务，我能够做以下总结（见表5-3-6）。

表5-3-6 学生自我学习总结

一、主要知识点
1. 学到的知识点：   2. 自悟的知识点：
二、主要技能
1. 学到的技能：   2. 自悟的技能：
三、取得成果
1.   2.

续表

四、经验和不足
1. 2.

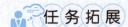

加盟创业风险的防范与规避方法

一、潜在加盟商对自身加盟适应性进行科学评估

在商业经营中,并非每个人都能成为成功的加盟商。人的素质与能力是决定事业成败的关键,尽管特许加盟是一个风险较低的投资创业方式,但只要是创业,都会存在失败的风险,所以对加盟商的心理素质、性格特征、知识和能力水平都有较高的要求。因此,潜在加盟商在决定加盟创业前最好能进行受许人加盟自我适应性测试,对自己进行客观的适应性评估,从而鉴别自己是适合成为普通上班族,还是适合独立创业或适合加盟创业。只有在满足一定的先决条件和基本素质的前提下,加盟商才可能通过特许加盟实现自己的创业梦想。如果综合分析结果表明自己不适合加盟创业,可以考虑选择其他职业发展之路。

二、谨慎甄选特许加盟行业、品牌与产品

特许经营所涉及的行业非常广泛,为提高加盟创业的成功率,潜在加盟商首先要对行业发展前景、特许人品牌影响力和产品特色等核心内容进行充分调研,谨慎甄选特许加盟项目。任何行业都存在周期性,加盟商在选择某个行业时,必须了解该行业目前处于发展周期的哪个阶段。例如,5~8年前是国内奶茶行业的黄金发展期,加盟奶茶品牌项目的回本周期短,盈利水平高。但如今竞争异常激烈的奶茶项目已经不再适合加盟创业,尤其是小本创业的加盟商。前文中的现捞卤味项目,尽管在生产和售卖形式上有所创新,但由于数千年来卤菜都属于冷菜食品,故而现捞现卖的特色不具备核心竞争优势。潜在加盟商在确定好即将从事的行业和产品之后,还需要通过细致考察和分析,在众多企业中找出真正适合加盟的品牌,此时重点考察的是特许人的资格、品牌影响力、产品竞争力,特许人可提供的支持、特许经营合同条款及加盟费等,力争将加盟创业的风险降到最低限度。

三、以专业知识科学判断特许人的合规性及盈利水平

特许加盟看似简单，实际在投资决策中也需要具备较强的专业知识和经验，更何况当今市场上特许经营项目种类繁多、鱼龙混杂，其中不乏有些特许人只想通过招商赚钱，但其项目本身并不具备经营的普适性和盈利的长期性。所以，加盟商在考察项目之前务必要掌握特许加盟的基本知识及相关法规，科学判断特许加盟项目的合规性与可行性。根据我国《商业特许经营管理条例》规定，特许人从事特许经营活动，必须是拥有注册商标、专利或专有技术等资源的法人机构，有完善的管理制度，有成熟且能复制的运营模式，具备为加盟商提供长期指导的能力。特许人在首次订立特许经营合同之日前15日内，应当向商务部主管部门备案，并进行完备的信息披露。加盟商可在中华人民共和国商务部业务系统统一平台（http://txjy.syggs.mofcom.gov.cn）查询这些法规。这里有个关键点是，规范的特许人与加盟商签订的都是特许经营合同，并且合同期限至少为3年。如果对方提供的合同是技术服务合同、业务合作合同或项目经销协议等，那么特许人极有可能还不具备特许经营的法律规范性，更没有在商务部平台上备案登记，这样的项目万万不可加盟。此外，特许人还必须拥有至少两个直营店，且两个直营店的经营时间均超过1年，有持续的盈利能力。"两店一年"是对未来经营盈利性的基本保证，试想一下，如果特许人自身都不拥有正常盈利的店铺，如何能指导加盟商获得成功呢？而这点也正是当前大多数加盟商所没有的认知，他们对未来盈利状况的判断只是依据特许人的宣传和自己的直觉，但实践证明，这些极不可靠。

四、深入细致地考察特许人总部及直营门店以辨别真伪

无论是从特许加盟展会还是网络上获得的招商信息，加盟商都不能单独听取特许总部的一面之词，更不要被特许人的"包赚不赔"或"一本万利"等宣传语迷惑。有些加盟商在签约之前会特地来到特许经营总部，看到总部办公条件优越，被工作人员带领观摩了一两个正常经营的门店之后，就立马签约并缴纳定金。殊不知，这些供参观的门店可能只是总部特意打造的样板店，样板店的经营成功不能代表所有加盟店的成功。尽管中国法律有"两店一年"的规定，但事实上很多特许人的直营店开了不到1年就将经营重点转到招商加盟中，此时直营店的运营和盈利模式还尚未得到市场的充分检验，缺乏核心竞争力，加盟这样的门店极易在未来的市场竞争中不堪一击。曾有人与某案例的特许总部进行联系，得知该企业品牌于2019年7月创立，2020年上半年开始发展加盟，由于费用不高，仅一年时间就在全国范围内发展了100多家加盟商，但他们的直营店只有一家，并且该门店主要供加盟商培训学习和实习使用。综上所述，加盟商在对特许人的考察中务必要了解其直营店的真实数量和经营情况，并且独自选择并考察加盟店的经营情况，有可能的话要多与其他加盟商沟通交流，充分了解门店的盈利情况，以降低未来经营的不确定性与风险。

五、秉持宁缺毋滥的理念科学慎重确定门店位置

在特许加盟创业中，选址是特别重要的一环。选址决定客流量，客流量决定销售额。

在没有选定合适的店址之前，暂缓开店等待时机可能比仓促选址开业更有价值。因为一旦门店开业，不菲的房租、水电费、人工费会给经营带来巨大压力。很多小型加盟创业项目，加盟费并不高，但房租、人工、进货成本等累计起来超过了加盟费，如果经营不善导致不得不关门歇业，加盟商损失的就不仅是加盟费。因此，所有的潜在加盟商务必要早做规划，有了合适的店址之后再与特许加盟总部签约也不迟。曾有加盟商起先将选址目标定在农贸市场，那里的顾客消费特征与客流量都比较适合，但在考察中发现要么缺乏现成的空铺、要么店铺的年租金在 10 万元以上，加盟商退而求其次选择了其他位置，但开业之后，无论采用怎样的营销措施，客流量和销售额都不足以支撑起门店的经营。还有一个知名奶茶的加盟商，为加速开业步伐，以高额转让费取得两个购物中心核心位置的使用权，门店开张之后，由于品牌商标尚未成功注册，受到山寨店铺冲击，再加上产品价格偏高，服务体验一般，不到两年就销声匿迹。因此，在店铺选址上，加盟商务必要稳扎稳打、理性选择，任何盲目冒进的行为都可能使加盟创业的成功率大幅度降低。只要是创业就会有风险，哪怕是做了万全的准备，也不能保证 100% 的成功。因此，特许有风险，投资需谨慎。同一个特许加盟项目，在不同的城市和地区经营可能会出现较大的差异。例如，在经济发达、年轻人较多的一、二线城市，经营休闲食品的店铺一般要比开在三、四线城市的同类店铺生意好很多，因为前者的居民收入水平高，对价格的敏感度低，更容易接受新鲜事物。即便是一个有口皆碑的优质特许加盟项目，在不同的地区、面对不同的消费人群、由不同的加盟商经营也会出现较大的差异。因此，希望每一位特许加盟创业者都要有风险意识，并有一定的心理承受能力，做最坏的打算，尽最大的努力，通过自己的勤劳和智慧，实现自己的创业梦想和人生价值。

思考与练习

单店盈利模式设计

（1）实训题目：单店盈利模式设计。

（2）实训目的：理解影响单店盈利模式的关键要素，掌握单店盈利模式设计的思路。

（3）实训要求：每 3~5 名学生为一组，选择一个实际的连锁经营企业的门店，并对其基本情况进行调查研究，分析其单店盈利模式的关键因素，包括其定位的顾客是何人群，单店选址需要遵循哪些基本原则和标准，根据定位和选址，其商品和服务应如何定位并组合。

（4）实训思考：提升单店的进店率、消费率、客单价的方法和策略有哪些？

（5）实训报告：将以上调查分析和研究形成具体的单店盈利模式设计报告方案，该方案应思路清晰，具有可操作性。

工作任务四　特许加盟店开业筹备

课前案例

某加盟店在筹备开业典礼，对比了三种开业典礼形式，具体如表 5-4-1 所示。

表 5-4-1 开业典礼形式对比

形式	活动内容	优点	缺点
一般开业典礼	致辞与剪彩	易于控制、操作费用少	公关作用较差，消费者不易参与
公关型开业典礼	现场服务咨询、赞助公益事业、演出、消费者联欢	新闻宣传性强，易产生轰动效应	不易进行现场安全管理
实惠型开业典礼	无正式开业仪式，可用酬宾、特卖、抽奖等活动代替	节省费用，消费者易参与，较实惠	传播作用较弱

思考：以上三种类型的开业典礼分别适合怎样的企业？

任务导入

加盟商 B 在完成特许项目选择，和特许人达成合作意向后，着手进行加盟店的开业筹备工作。

任务分析

开业筹备对于加盟商来说是一项复杂的系统工程，只有做到事无巨细，才能为后期加盟店的顺利运营打好坚实的基础。

任务实施

一、特许加盟店选址

根据实际情况，对特许加盟店选址进行分析，完成特许加盟店选址分析表（见表 5-4-2）。

表 5-4-2　特许加盟店选址分析

项目	内容	结论
城市规划		
交通条件		
客流规律		
竞争环境		
地形特点		
物业特征		

二、审查特许经营合同

对特许经营合同进行审核，完成特许经营合同审查分析表（见表 5-4-3）。

表 5-4-3　特许经营合同审查分析

项目	情况记录	结论
审查合同内容的完整性及合理性		
审查特许人授权使用的商标		
审查总部供货价格		
审查商圈保护及禁止条款		
未尽事宜		
违约罚则		
纠纷处理		

三、加盟店筹建

完成加盟店筹建准备表（见表 5-4-4）。

表 5-4-4　加盟店筹建准备

项目	具体内容		完成情况
注册登记	工商注册登记		
	税务注册登记		
	开立银行结算账户		
门店装修	门店室外设计	外观设计	
		招牌设计	
		出入口设计	
		橱窗设计	
	门店内部设计	空间布局设计	
		通道设计	
		安全设计	

四、员工招聘和培训

完成员工招聘和培训安排表（见表5-4-5）。

表5-4-5 员工招聘和培训安排

项目	项目内容	完成情况
员工招聘	制定招聘标准	
	制定薪资福利标准	
	选择招募渠道	
	面试录用	
开业前培训	理论实践培训	
	开业指导培训	

五、特许加盟店开业

完成特许加盟店开业准备表（见表5-4-6）。

表5-4-6 特许加盟店开业准备

项目	项目内容		完成情况
开业宣传	开业广告内容		
	媒体选择		
	开业广告投放时机		
试营业	内容安排		
	注意事项		
开业庆典	庆典准备	物品准备	
		邀请嘉宾	
		布置庆典现场	
	开业典礼程序		

任务总结

根据任务实施情况，完成组员表现考核表（见表5-4-7）和专业能力测评表（见表5-4-8）。

表 5-4-7　组员表现考核

评价指标	分值/分	组员自评（30%）	组内互评（40%）	教师评分（30%）	最终得分
态度	20				
技能	25				
效率	25				
课程素养	10				
团队合作	20				
总分					

表 5-4-8　专业能力测评

项目	分值/分	表现描述	得分
加盟店选址	20		
合同签订	20		
加盟店筹建	20		
员工招聘和培训	20		
特许加盟店开业	20		
合计			

得分说明：将每项得分记入得分栏，然后将各单项分值合计计算出本实训项目总得分。得分在 90~100 分为优秀，75~89 分为良好，60~74 分为合格，低于 60 分为不合格，必须重新训练。

知识学习

以餐饮行业为例，开业筹备计划如下：

一、店长工作安排

（1）人员招聘、人员名单及岗位安排，人事资料提交，最后完成期限。

（2）店长、部长、厨房主管到位时间，最后完成期限。

（3）员工到位且完成培训，员工手册宣导，最后完成期限。

（4）员工宿舍到位，宿舍配置齐全，确保在正式开业前一个星期可以顺利入住，最后完成期限。

（5）申请备用金，最后完成期限（店长完成，负责跟进）。

（6）垃圾清运，纸皮回收，潲水处理，最后完成期限（店长完成，负责跟进）。

（7）厨房人员名单、岗位、底薪，提交明细，最后完成期限。

（8）员工健康证办理，完成期限。

(9) 员工餐及宿舍水电费用提前申款,完成期限。
(10) 餐厅桌位,布局图纸完成时间(提交店长作为客群分析、提升客单价的依据)。
(11) 安装监控、Wi-Fi,最后完成期限。
(12) 收银文具购买。
(13) 员工定岗、定编,开业前进行技能考核,评估定岗完成时间。
(14) 商圈分析,客群分析,门店同类周边竞争优劣势分析,物业分析,店铺正常营业黄金时间段分析,比如同期淡季旺季盈利分析(主要是看回收期以及抗风险能力),当天黄金时间段分析(主要是看高峰时间点,用餐时长,客群是情侣型居多,还是家庭聚餐型居多是否需要调整桌位),(店长负责跟进,列出完成时间)。

二、采购工作跟进

(1) 提前申请酒水、冰箱,确保开业前入场。
(2) 桌、椅子、电磁炉提前预订,确保提前入场。
(3) 采购厨房用具用品,最后完成期限。
(4) 安装热水器、空调(功率大小同操作间相适应),最后完成期限。
(5) 制定采购物料清单,及时跟进和后补物料,最后完成期限。
(6) 在制定物资采购清单时,采购清单的设计必须规范,应包括部门、编号、物品名称、规格、单位、数量、完成时间、备注等。

三、营销推广工作跟进

(1) 跟进桌贴、桌号、举牌、菜单、广告物料到店情况并确定时间和最后到店期限。
(2) 各种物料标识、菜牌到位时间。
(3) 开业营销推广活动,以及户外张贴完成时间。

四、财务工作跟进

(1) 收银系统、排号系统的安装调试,员工收银培训完成时间,最后期限。
(2) 点菜宝联网和安装调试,测试完成时间。
(3) 收银人员到岗,收银知识培训,演练完成时间。
(4) 收银 ERP 系统下载安装,调试完成时间。
(5) 微信、支付宝、第三方买单优惠,确认完成。

五、进场验收及开业筹备工作

(1) 各种设备摆放位置及操作便捷性。
(2) 设备设施调试、安装,是否需要接线。
(3) 排烟、抽风、排污检测验收。
(4) 各种前厅、厨房标识拉线工作跟进,收银台酒水上柜及标示。

(5) 在高峰时间段测试电路，持续时间为 3~5 天，有问题及时排查。

(6) 各种保鲜柜、冷藏柜、空调温度调控设定，清毒柜调控。

(7) 各种货架定制（比如配菜间货架、洗碗间、酒水架、摆肉站立区操作台的定制）

(8) 外围玻璃贴、门店软装（如名人画等）到位并安装。

(9) 开业前开荒卫生工作。

(10) 电箱柜，各种开关标示（如备注开关时间、勿动开关等）。

(11) 检查消防实施是否配套，进行保质期检查和低压检查，明确是否需要更换。

(12) 确定营业时间、班次、人员、岗位、负责区域、工作重心、协作、交接、补位等。

(13) 制订开业当天工作计划安排。

(14) 仓库物料摆放、标示、分类，规划常用和不常用存放区、易消耗品存放区、清洁用品区，制定整理时间表（仓管员负责）。

(15) 确定租金（物业费、水电费、卫生费、管理费、燃气费以及员工宿舍租金、水电费），缴费日期，缴费明细，缴款账号，缴款人，以及计算方法。

(16) 门店员工联络电话，入职日期备存，以及对外关系联络表，负责人，电话备存，日常维修，日常临时采购配送联络方式。

(17) 各种人事资料打印备用，以及电脑存档。

(18) 制定店长、部长、领班一日工作检查制（包含时间）。

(19) 灯光调试、选材，内部绿植采购、摆放，通过温控测试设定最佳温度，室内异味去除。

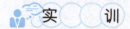
实　　训

通过完成本工作任务，我能够做以下总结（见表 5-4-9）。

表 5-4-9　学生自我学习总结

一、主要知识点
1. 学到的知识点：
2. 自悟的知识点：

续表

二、主要技能
1. 学到的技能： 2. 自悟的技能：

三、取得成果
1. 2.

四、经验和不足
1. 2.

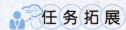
任务拓展

永和大王的直接加盟模式

永和大王接受单店直接加盟，经过批准和培训的受许人，需要自己选址并开设一家新的永和大王餐厅。一家餐厅的加盟期为 10 年，10 年期满，如双方都有意继续合作可再多续 10 年。特许人要求受许人亲自参与加盟餐厅的日常营运管理。目前，永和大王没有限制加盟城市，不过，受许人需要考虑的是，如果加盟店所在城市距离最近的永和大王配送中心超过 500 千米，则需要独自承担超出距离的货物运输费用。

一、加盟条件

（1）中国国籍，年龄在 22 周岁以上，身体健康状况良好。
（2）热爱餐饮行业，对永和大王的品牌文化有强烈的认同感。
（3）具备丰富的商业经营经验、良好的企业管理经历。
（4）愿意与永和大王品牌共同成长，以此作为长期奋斗的事业。
（5）愿意花至少 3 个月时间完成基础训练课程和评估鉴定。
（6）能致力于餐厅的日常运营管理。

二、加盟费用

前期固定投入约 153 万元，包括餐厅的设备、装修、桌椅、招牌、装饰、环保、消防等费用。

流动资金大约需要 50 万元，包括加盟费 25 万元和保证金 25 万元。

三、加盟流程

（1）申请人登录永和大王官方网站（www.yonghe.com.cn）了解详情。
（2）申请人在线完整填写申请资料表。
（3）永和大王总部人力资源部门甄选申请人资料，并联系通过初选的申请人。
（4）如双方都有意向，则邀请初选人到永和大王上海总部，参加特许经营项目简报会，并面对面交流申请人关心的相关问题。
（5）安排初选人到一家永和大王餐厅完成为期 3 天的岗位实习评估，增进双方的了解。
（6）邀请通过岗位实习评估的初选人参加面试。
（7）通过面试的候选人与永和大王签订培训协议，并到一家永和大王餐厅完成为期 3 个月左右的培训，完成从员工到餐厅经理的所有实地培训及课程。永和大王会在候选人培训期满 2 个月和 4 个月时，对候选人进行两次实习鉴定。
（8）通过永和大王全面鉴定后，候选人注册公司，验资，与永和大王签订特许经营合同。
（9）受许人选址（须经永和大王批准）并与业主签订租赁合同。
（10）受许人在永和大王的协助下招募、培训员工，设计、装修餐厅。
（11）受许人在永和大王的协助下组织新店开业。
（12）受许人在经营期间接受永和大王管理团队的指导、鉴定和协助，并按时支付相关费用，按时与供应商结算。

申请加盟的程序

（1）收集特许组织的资料。主要的资料来源包括特许公司的有关部门、公开出版物以及向亲戚朋友了解等。

（2）研究征召广告和宣传资料。不能轻信各种广告和宣传，可参考咨询公司的意见或专业杂志的观点。

（3）参观访问感兴趣的特许组织。了解各种第一手资料，如公开文件、特许权组成、可行性报告等。

（4）自我评估。自我评估必须严谨并实事求是。

（5）详细了解特许经营的本质和优缺点。清醒认识自己的机会和面临的问题。

（6）再次研究特许公司，确认特许公司提供的商标和专利是否已注册，公开文件内容的真实性，现有特许分店的情况，特许公司的历史和现状、公司理念和政策等。

（7）收集同行业其他公司的信息，包括初级资料和详细资料。

（8）访问特许分店的店主。了解特许人兑现其承诺分店的基本经营状况及可能出现的问题，从而事先对自己所从事的经营活动有大致的了解。

（9）评估经营可行性报告。评估特许人提供的经营预测报告，尤其是关于地点选择、营业额预测、各种费用预算等内容。

（10）逐条研究特许经营合同的内容。特许经营合同是双方特许关系的基础，一定要慎重、仔细地研究，不能草率签字，购买国外的特许权时更应如此。

（11）确认自己的经营决心。此时需确认以下几个问题：该特许业务是否为自己提供了很大机会；与特许人或其他受许人的沟通有没有问题；对经营中的困难和辛苦是否做好了心理准备；有没有"一切依赖特许公司的心理"；自己的目标明确与否。

（12）签订合同。签订合同前最好征询有关专家和律师的意见，一定要对合同的每项内容有相当明确的了解。

思考与练习

在零售业整体增长放缓的背景下，便利店已成为实体零售中最有活力的业态。中国连锁经营协会的数据显示，2014年全国便利店销售额同比增长25.12%，门店数同比增长21.96%，而百货和超市业态的增幅仅为个位数。2022年便利店行业的毛利率水平为24.27%，高于超市和大卖场，并且毛利率最高的便利店的增幅达到36%，最低的仅为16.5%，有很大的提升空间。据统计，目前国内26个重点城市单个便利店辐射人数为1.2万人。同期，在日本和中国台湾，这一数值约为2 500人。除广东、上海两地便利店密度较高外，二线城市便利店市场普遍仍处在起步和初期成长阶段。便利店作为唯一一个增速保持两位数的零售业实体业态，显示了强劲的增长势头，一时间风头无两，众多资本纷纷涌入便利店市场。

一、训练目标

通过训练，学生能够理解以特许加盟开展创业所必备的条件和素质，掌握行业分析和项目选址的方法，理解特许经营合同的主要内容，提升对加盟陷阱的识别和防范能力。通过小组成员之间的协同配合，学生能够提升团队合作能力和沟通协调能力，并树立通过特许加盟进行创业的信心。

二、训练环境

多媒体"教学做练"一体化实训室。

三、训练组织

1. 指导教师介绍本次实训的目的和要求，协助学生分组并确定组长人选。
2. 组长负责组内成员分工、协调，并督促、检查小组成员的任务完成情况；负责最终成果的汇总，并通过协商选出负责成果展示的人选。
3. 教师对各个小组的成果进行点评。

四、训练任务

假如你决定通过加盟连锁品牌便利店来进行创业，请对自己的特许经营适应性进行评估，在本地市场上选择一个适合自己的特许经营项目，完成店铺选址，并模拟编制和签订特许经营合约，进行开业策划。

五、训练要求

1. 组长应考虑小组成员的特长合理分配任务，做到每个成员都有具体任务。
2. 组内每个成员都必须积极参与，分工合作，相互配合。
3. 在各个小组之间开展技能竞赛，激发学生的积极性。

模块六

新媒体营销与管理

 情境导入

随着时代的发展，传统营销手段已无法满足企业的发展需求，新媒体的涌现为企业营销带来了新的挑战，更提供了新的契机。某连锁企业近期准备推出一款新产品，在新产品上市前，企业营销部召开了新产品推广会议，研讨新产品的推广方案。在讨论中，营销经理询问大家关于推广方案的意见和建议，营销专员 A 说："我建议采用电视广告、报纸广告、广播广告这些传统媒体进行宣传推广，什么时候都不能放弃传统媒介。"营销专员 B 说："我认为可以采用发传单的形式进行宣传，还可以利用每个门店内的广播和显示屏对新品做循环播放。"营销专员 C 说："我认为除了传统媒介外，我们应该把更多精力放在利用微博、微信、短视频平台等新媒体进行产品营销、品牌推广传播上。因为新媒体具备'一个产品、多种形态、多次传播'的特点，利用新媒体的这一特点，在营销过程中会产生更多红利和能量。比如能够让目标消费群在最短的时间内了解新产品的功能、效果，产生尝试的欲望，这不仅能提高线上和现场售点商品的销量，还能提高品牌知名度和美誉度。"听了营销专员 C 的建议后，营销经理非常赞同并当即表示此次新品推广以新媒体营销为主，重点在微信、微博、抖音和今日头条上进行推广，要实实在在看到效果和效益。如果你是企业的营销专员，你该怎样对新产品进行新媒体营销呢？

 本模块内容结构

 学习目标

知识目标
1. 掌握微博营销的模式和方法；
2. 掌握微信营销的模式和方法；
3. 掌握小红书营销的模式和方法；
4. 掌握抖音短视频营销的模式和方法。

能力目标
1. 能够设计新媒体营销方案，并对新媒体营销的效果进行监测和评估；
2. 能够积累网络资源，建立短视频营销意识；
3. 增强网络文字表达能力，提升网络文案写作能力；
4. 培养新媒体互动沟通能力，塑造良好的职业形象。

素养目标
1. 做好积极正面宣传，维护网络安全，守护网络家园；
2. 提高与团队成员共同协作的能力及团队管理能力，增强社会责任感。

工作任务一　微博营销

课前案例

野兽派花店是一种新型的、专注于提供高品质花卉产品及个性化高奢花艺服务的商店,从 2011 年 12 月底开通微博到 2024 年 3 月,已吸引了 102 万粉丝,约 1 562 万转评赞。它致力于打造一种时尚、前卫的花艺体验,将艺术、设计和技术融入花卉销售中。野兽派巧妙地运用了视觉元素和情感表达,通过精美的产品图片、生动的故事情节和互动活动,吸引了用户的关注;充分利用微博的实时性和互动性,及时更新产品信息,与用户进行实时互动,拉近了与用户的距离;根据用户的浏览行为和点赞评论内容,分析其兴趣爱好和需求,精准推送相关产品信息,提高匹配精度,从而提升用户满意度和购买意愿,同时积极开展线上活动,如转发抽奖、用户原创作品征集等,激发了用户的参与热情。虽然野兽派花店的商品售价较高,但仍受到了很多消费者的追捧。

任务导入

现代社会已进入了科技发展的微时代,信息的传播速度快、内容短小精悍、冲击力更强。微时代的代表——微博,是基于用户关系的社交媒体平台,以文字、图片、视频等多媒体形式,实现信息的即时分享、传播和互动。微博用户可通过手机、平板电脑上的 App 来浏览、传播、分享信息并与其他用户相互关注及互动,而微博大 V 往往拥有数十万粉丝,他们的一个话题或一条转发和评论往往成为信息的风向标。当企业看到了微博这个新媒介的作用,自然不会放过营销机会,企业利用微博作为营销平台,把每一个微博粉丝看作潜在的客户,利用微博向粉丝传递产品和企业信息,构建品牌形象和价值;定期发布粉丝感兴趣的话题,保持与粉丝的密切交流和互动;通过微博大 V 转发或评论企业相关内容,获取更多关注和信任;通过多种营销模式和方法,获得对企业或品牌的更多信任和好感。但是,对于微时代的接受者来说,由于信息内容与数量异常丰富,吸收信息的时间非常有限,这就要求信息生产者提供具有高黏度、冲击力大、可以在极短时间内吸引受众的阅读内容和活动。那么,如果企业想通过微博来宣传产品,具体应该怎样做呢?怎样运营账号?每天要发什么内容?如何策划选题?每天发多少篇博文合适?如果卖产品,别人会买吗?如果是零基础的营销,应该怎样开始?

任务分析

企业马上就要推出新产品了,按照新产品推广会议要求,本次新产品推广采用新媒体营销。假设你是企业营销部的营销专员,本次主要负责新产品的微博营销,你需要围绕用户需求,撰写微博内容,策划微博运营活动,采用多种方法增加微博粉丝,大力宣传新产品的信息和品牌价值,增加微博阅读量,提升产品和品牌知名度。

任务实施

(1) 每 4~5 位学生分成一组,每组选出 1 名组长,负责小组内的任务分配和统筹。
(2) 申请微博账号,结合个人的特点或特长,设置个人信息,进行微博形象定位。
(3) 进行微博内容定位,探索账号差异化,体现自我优势。
(4) 规划微博内容,可以包括公司介绍、产品优势、成功案例等内容。
(5) 制订一天的内容运营计划,围绕客户需求,策划栏目和内容,定期更新内容。
(6) 使用增加微博粉丝的方法,成功吸引粉丝(截图证明)。
(7) 完成分析总结报告,并在班级演示交流。
(8) 小组互评、教师点评。

任务总结

微博作为当前应用广泛的社交媒体平台之一,为企业提供了与用户互动、进行品牌宣传和产品推广的重要渠道。微博以其短平快的信息传播方式、丰富的内容形式和广泛的用户覆盖成为重要的社交媒体营销平台。在进行微博营销过程中,能够以市场分析和目标用户定位为基础,以品牌特点为立足点,制定营销策略,进行内容创作,建立良好的粉丝关系,不断增加粉丝量,同时通过收集和分析微博数据了解用户的喜好和行为习惯,及时调整策略,确保营销效果最大化。

知识学习

(1) 做好微博账号的昵称、简介的设计,通过账号昵称体现出博主类型特点,如美食博主、美妆博主、旅行博主等。
(2) 通过微博简介进一步介绍自己,也就是对账号进行定位,体现账号的方向,具备哪些特征。
(3) 依据微博定位,选择恰当时间,发布"早安/晚安微博"。
(4) 发布原创微博,如旅游/摄影/娱乐等话题,发布时,尽量以文字+图片、文字+视频/音频、文字+图片+视频/音频形式发布。
(5) 发布热门转发,如热门的新鲜事/情感小哲理/娱乐/搞笑等内容。
(6) 发布公司信息公告,如新店开张/网站改版/公司的新促销活动等信息。
(7) 可发布微博活动专题类、有奖互动类或者其他非正式类活动信息。
(8) 通过与其他企业合作、与粉丝数高的博主合作等方式增加粉丝量。

 实　　训

根据任务内容，小组成员分工完成任务，并完成实训记录（见表6-1-1和表6-1-2）。

表6-1-1　团队分工

	组长	成员1	成员2	成员3	成员4
负责内容	决策、领导、组织、协调	内容策划	活动运营	用户运营	成果汇报
姓名					

表6-1-2　微博运营记录

微博内容介绍：	
微博转发内容：	
微博浏览次数	
微博点赞次数	
微博转发数量	
涨粉数量	

根据实训任务考核表（见表6-1-3）及职业道德和能力考核表（见表6-1-4），为小组成员在本任务中的表现评分。

表6-1-3　实训任务考核

任务评估指标	任务评估标准	分值/分	得分
1. 文案撰写	（1）文案切题严谨，准确传达产品或品牌信息	10	
	（2）语言表达规范完整	10	
	（3）文字生动形象，引人注意	10	
2. 微博营销流程	（1）微博定位准确，富有吸引力	10	
	（2）原创微博内容发布形式新颖、关注度高	10	
	（3）热门转发内容获得的关注度高	10	
	（4）微博活动类型多样，获得点赞和关注度高	10	

续表

任务评估指标	任务评估标准	分值/分	得分
3. 成果展示	（1）PPT设计制作美观大方兼具艺术性	10	
	（2）学生解说时语言表达流畅	10	
	（3）团队成员参与度高、配合效果好	10	
合计		100	

教师评语：

签字：
年　　月　　日

学生意见：

签字：
年　　月　　日

表6-1-4　职业道德和能力考核

职业道德和能力评估指标		考核标准	分值/分	得分
1. 职业道德	纪律性、责任感	小组成员工作纪律性强，具有强烈的道德责任感	10	
	主动性	在小组讨论中表现主动、热情、积极	10	
	作业上交时间	能在规定时间内上交作业	10	
	作业态度	态度端正	10	
2. 职业能力	小组合作	小组分工合理，成员积极配合	15	
	准备工作	准备工作条理清晰、有序、充分	15	
	解决问题的能力	善于发现问题，并能及时解决问题	15	
	创新意识	有创意，思路新颖独特，别具一格	15	
合计			100	

通过完成本工作任务，我能够做以下总结（见表6-1-5）。

表6-1-5　学生自我学习总结

一、主要知识点

1. 学到的知识点：

2. 自悟的知识点：

续表

二、主要技能
1. 学到的技能： 2. 自悟的技能：
三、取得成果
1. 2.
四、经验和不足
1. 2.

任务拓展

比较热门或具有一定影响力的微博，通常具有统一的内容主题及与内容相符的描述风格，不仅方便粉丝辨别，也容易形成独特的风格，扩大影响力。那么，在进行微博内容定位时，主要可以从哪些方面来进行设计呢？

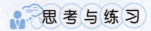 **思考与练习**

如何通过微博营销进行新品牌的推广?

工作任务二　微信营销

课前案例

某品牌餐厅通过微信营销成功地提高了品牌知名度和销售额。该品牌餐厅以年轻人和学生为受众群体，以微信公众号为载体，通过定期推送餐厅活动信息、美食推荐、生活方式等内容，吸引用户的关注。利用微信支付功能，提供线上订餐、支付等服务，增加用户黏性。通过与用户的互动交流，实现了用户反馈的收集和分析，不断优化菜品和服务，提升用户满意度。

任务导入

当今，微信已经成为生活中一种不可缺少的工具。微信营销是网络经济时代企业或个人营销模式的一种，它打破了距离的限制，实现了微信朋友间即时、点对点沟通和互动，还建立了一种新的网络营销模式——微信公众号营销。企业可以利用微信公众号开展营销活动。微信公众号包括订阅号、服务号、企业号三种类型。订阅号是通过用户订阅形成一种联系，个人或企业可以通过公众号平台推广自己的产品或品牌，实现点对点的营销；服务号是服务功能型账号，以服务为主，给企业和组织提供更强大的服务与用户管理能力，帮助企业实现全新的公众号服务平台，平时不需要过多推送内容；企业号是为企业客户提供的移动应用入口，能简化管理流程，提升组织协同动作效率，帮助企业建立员工、上下游供应链与企业IT系统间的连接。很多企业同时创建服务号与订阅号来满足不同的需求。所以，微信营销为企业发展创造了无限广阔的市场空间，目标消费者通过微信公众号能迅速了解企业推出的新产品信息和打折促销活动等，建立产品认知，增强对品牌的信任感，产生购买欲望，提高购买率，从而为企业带来更多效益。企业只要抓住了新媒体营销发展的趋势，就能抓住消费者。那么，如何运用微信进行产品营销呢？

任务分析

公司研发的新产品就要上市了，新产品的质量过硬，功能强大，能够满足更多消费者的需求。按照新产品推广会议的要求，这次的新品需要在微信公众号上进行营销，但公司还没有注册微信公众号，也没有任何微信营销经验。经过一番讨论，公司决定先申请一个微信订阅号，先设置好账号信息，再进行内容的策划。新产品的推广文案内容要语句通顺，体现产品或品牌信息，不宜过于简单或过于复杂，要图文并茂；文案标题要尽可能抓住关键词，激发客户兴趣。最后，对新产品推广的信息进行发布，并监测后台情况。

任务实施

（1）每4～5位学生为一组，每组选定1名组长，负责小组的任务分配和统筹。

（2）注册一个微信公众号（本次实训请注册订阅号），完善相关信息并截图证明。

（3）设计新产品的营销广告文案。

（4）在微信公众账号平台进行编辑和设计，将策划好的营销广告文案编辑到素材管理里。

（5）发布微信订阅号信息并截图证明。

（6）监测微信订阅号后台，记录阅读量和粉丝数并截图证明。

（7）完成分析总结报告，并在班级演示交流。

（8）小组互评、教师点评。

任务总结

微信营销已成为企业推广和品牌建设的重要手段，通过微信进行新产品推广的过程，从微信平台的基础功能入手，创建和管理微信公众号，熟练掌握微信公众号的管理和运营技能，包括内容编辑、图文排版、数据分析等；能够制定有效的营销策略，通过优化内容质量、增加互动环节、利用数据分析调整策略等方式来提高微信营销效果，从而为未来的职业发展和实际工作打下基础。

微课：微信公众号营销

知识学习

（1）微信公众平台是给个人、企业和组织提供业务服务与用户管理功能的全新服务平台，它包括订阅号、服务号、企业号、小程序四种类型。

（2）通过微信公众平台官网（https://mp.weixin.qq.com/）注册微信公众号，选择订阅号，填写相关信息。

（3）对订阅号的账号内容进行填写，在功能介绍时注意订阅号的定位。

（4）对微信订阅号进行编辑，按照提示输入标题、正文，并插入图片。

（5）编辑封面和摘要，封面图片可以从正文选择或者从电脑端上传。

（6）文案标题要能引起目标消费者的兴趣，有足够的吸引力；文案内容要准确传达产品特点和品牌价值，激发目标消费者的购买欲望。

（7）在朋友圈转发订阅号文章之前，可以对微信昵称、个性签名、朋友圈封面进行设计，使其符合品牌个性，从而更好地进行产品展示、品牌宣传、企业文化输出等活动，潜移默化影响朋友圈内的好友，吸引目标消费者的注意，激发其购买欲望，加强对产品或品牌的信任和喜爱，实现购买或复购。

（8）在公众号维护中，要塑造小编形象，让读者感受到是人与人在沟通，而不是企业与用户之间的冰冷信息传递。

 实　　训

根据任务内容，小组成员分工完成任务，并完成实训记录（见表 6-2-1 和表 6-2-2）。

表 6-2-1　团队分工

	组长	成员 1	成员 2	成员 3	成员 4
负责内容	决策、领导、组织、协调	内容策划	活动运营	用户运营	成果汇报
姓名					

表 6-2-2　微信运营记录

微信公众号内容介绍：	
个人朋友圈转发内容：	
公众号浏览次数	
朋友圈点赞次数	
朋友圈转发数量	
公众号涨粉数量	

根据实训任务考核表（见表 6-2-3）及职业道德和能力考核表（见表 6-2-4），为小组成员在本任务中的表现评分。

表 6-2-3　实训任务考核

任务评估指标	任务评估标准	分值/分	得分
1. 文案撰写	（1）文案切题严谨，准确传达产品或品牌信息	10	
	（2）语言表达规范完整	10	
	（3）文字生动形象，引人注意	10	
2. 微信营销流程	（1）团队的个人微信设计和企业品牌协调一致	10	
	（2）公众号内容编排合理、新颖	10	
	（3）朋友圈转发有个性特点和吸引力	10	
	（4）点赞、转发和关注度高，赢得目标客户的信任和喜爱，进而提高转化率，实现营销目标	10	

续表

任务评估指标	任务评估标准	分值/分	得分
3. 成果展示	（1）PPT设计美观大方	10	
	（2）解说时语言表达流畅	10	
	（3）团队成员参与度高、配合效果好	10	
合计		100	

教师评语：

签字：

年　月　日

学生意见：

签字：

年　月　日

表6-2-4　职业道德和能力考核

职业道德和能力评估指标		考核标准	分值/分	得分
1. 职业道德	纪律性、责任感	小组成员工作纪律性强，具有强烈的道德责任感	10	
	主动性	在小组讨论中表现主动、热情、积极	10	
	任务完成时间	能在规定时间内完成任务，上交材料	10	
	作业态度	态度端正	10	
2. 职业能力	小组合作	小组分工合理，成员积极配合	15	
	准备工作	准备工作条理清晰、有序、充分	15	
	解决问题的能力	善于发现问题，并能及时解决问题	15	
	创新意识	有创意，思路新颖独特，别具一格	15	
合计			100	

通过完成本工作任务，我能够做以下总结（见表6-2-5）。

表6-2-5　学生自我学习总结

一、主要知识点

1. 学到的知识点：

2. 自悟的知识点：

续表

二、主要技能
1. 学到的技能：   2. 自悟的技能：
三、取得成果
1.   2.
四、经验和不足
1.   2.

任务拓展

针对某一品牌或产品，利用微信公众号进行专题系列内容创作，以提高用户黏性和专业度。

思考与练习

在微信公众号文案撰写过程中,内容和标题哪个更重要?现在的读者往往只愿意花2~3秒来扫读标题,从而决定是否点开内容进行阅读,如果标题没有抓住读者眼球,文章内容再好也无济于事。因此,好的标题会直接影响点击量、粉丝量和转化率。那么,如何让标题更吸引读者呢?

工作任务三　小红书营销

课前案例

2017年3月，完美日记正式成立，开始了美妆赛道的征途。起初，完美日记在天猫店刚上线的几个月时间内，销售量一直没什么起色，直到完美日记将小红书作为重点渠道开始运营，成为美妆品牌的一匹黑马。小红书作为一个以美妆、时尚、生活分享为主的社交平台，完美日记从一开始就充分利用其定位和算法优势，精准地把握住了目标受众的需求。它借助海量的美妆博主和真实用户的内容分享，将产品信息有效地传递给潜在消费者。这些信息包括产品的成分、功效、使用方法、搭配建议等，通过博主们的真实评测和分享，使消费者能够更全面、更深入地了解完美日记的产品。此外，完美日记在小红书上还积极开展合作与联动，比如与知名美妆博主或其他品牌联名推出限量版产品，或者参与小红书上的主题活动等。完美日记没有像传统的国际美妆一样全平台铺广告，而是抓住了刚发展起来的小红书。这一策略，让这个国货彩妆新锐品牌在一众美妆品牌中崛起，迅速获得年轻消费群体的青睐。

任务导入

小红书创造了一个新的生活方式平台和消费方式。目前，小红书月活跃用户数已经过亿，用户通过分享文字、图片、视频笔记，记录这个时代年轻人的正能量和美好生活。和其他电商平台不同，小红书是从社区起家的，从分享海外购物经验，到美妆、个护、运动、旅游、家居等信息分享，触及了消费经验和生活方式的方方面面。小红书用户发布的内容都来自真实生活，一个用户必须具备丰富的生活和消费经验，才能有内容在小红书上进行分享，继而吸引粉丝关注。随着人们生活逐渐走向数字化，小红书在消费升级的大潮中将发挥更大的社会作用，小红书营销也将为企业发展创造无限广阔的市场空间。在小红书上，一个用户通过"线上分享"消费体验，引发"社区互动"，推动其他用户去"线下消费"，这些用户反过来又会进行更多的"线上分享"，最终形成一个正循环。目标消费者通过小红书产生消费认知，建立消费决策，实现购买，提高了企业知名度，增强了品牌信任感，提升了复购率，从而为企业带来更多效益。那么，如何运用小红书平台进行内容运营，并成功让消费者"种草"呢？

任务分析

通过微博和微信营销，企业的新产品得到了许多消费者的认可，但是企业负责人想要吸引更多客户群体，希望更多消费者了解并购买企业产品，尤其是"90后"消费者。调研发现，小红书平台自2019年起，新增用户中有70%是"90后"，这一数据给产品营销带来了新的思路。企业负责人选择小红书平台进行营销，让自己的消费者成为"种草"人，让营销换一种体验。假设你是企业营销部营销专员，你决定站在普通消费者的角度，针对企业新产品发布一篇小红书"种草"笔记。该"种草"笔记的文案要有针对性，内容条理清晰，有说服力，所选图片符合文案内容，吸引眼球且真实可信。将这篇笔记的文字和图片在小红书App中进行编辑、排版和发布。

任务实施

（1）每4~5位学生分成一组，每组选定1名组长，负责小组内的任务分配和统筹。

（2）将企业新产品作为小红书"种草"笔记的对象，围绕"种草"对象进行讨论，总结该产品的优缺点或者卖点。

（3）采用头脑风暴法，确定吸睛标题，并写出300~400字的文案。

（4）拍摄高清图片，给图片加关键词。

（5）将文案和图片在小红书App中进行编辑、排版、发布并截图证明。

（6）完成分析总结报告，并在班级演示交流。

（7）小组互评、教师点评。

任务总结

通过学习和分析小红书平台的特点，针对目标用户群体，制定不同的内容策略和运营方案，结合品牌或产品特点，策划高质量的内容以吸引用户的注意力。同时，注重内容的时效性并与热点结合，以提高内容的传播效果。此外，针对用户运营、数据分析等核心技能，为品牌或产品在小红书上进行有效的营销推广打下坚实基础。在实训过程中，能够提高内容创作能力和小红书平台运营策划能力，提升自身的实践能力和解决问题的能力。

知识学习

（1）小红书"种草"笔记的核心在于笔记的内容是否有价值，是否能帮助他人解决问题，是否能让他人有所收获。

（2）文案的标题必须引人注目，直击消费者痛点。切忌将产品名称直接放在标题里，以免看起来就是生硬的广告。

（3）文案的内容字数一般在300~400字，不宜过长也不宜过短，内容可以包括自己的人设、遇到的困难、自己的痛点、产品的价值等。

（4）在撰写文案时，第一段和最后一段必须适当加上关键词，以便消费者通过搜索来找到笔记。

（5）选择一个话题，并带上一个和"种草"笔记主题相关的话题，注意，要选择5万热度以上的话题。

（6）"种草"笔记可以采用信息加地点的形式，从而获得更多本地用户访问。

（7）对于文案照片，建议将每一张照片都加上2~5个和产品特点或者卖点相关的关键词，以便其他用户搜索。

实　训

根据任务内容，小组分工完成任务，并完成实训记录（见表6-3-1和表6-3-2）。

表6-3-1　团队分工

	组长	成员1	成员2	成员3	成员4
负责内容	决策、领导、组织、协调	内容策划	活动运营	用户运营	成果汇报
姓名					

表6-3-2　小红书运营记录

小红书"种草"笔记标题：	
小红书"种草"笔记内容：	
小红书"种草"笔记图片：	
获赞与收藏数量	
涨粉数量	

根据实训任务考核表（见表6-3-3）及职业道德和能力考核表（见表6-3-4），为小组成员在本任务中的表现评分。

表6-3-3 实训任务考核

任务评估指标	任务评估标准	分值/分	得分
1. 文案撰写	（1）文案切题严谨，准确传达产品或品牌信息	10	
	（2）语言表达规范完整	10	
	（3）文字生动形象，引人注意	10	
2. 小红书营销流程	（1）小红书的设计与品牌风格、理念协调一致	10	
	（2）准确找到产品卖点，产出内容质量较高的"种草"笔记	10	
	（3）将"种草"内容精准推荐给目标用户，激发用户从"关注"向"兴趣"转变	10	
	（4）信息流定向推送，加速内容曝光，辐射潜在需求人群	10	
3. 成果展示	（1）PPT设计美观大方兼具艺术性	10	
	（2）解说时语言表达流畅	10	
	（3）团队成员参与度高、配合效果好	10	
合计		100	

教师评语：

签字：

年　月　日

学生意见：

签字：

年　月　日

表6-3-4 职业道德和能力考核

职业道德和能力评估指标		考核标准	分值/分	得分
1. 职业道德	纪律性、责任感	小组成员工作纪律性强，具有强烈的道德责任感	10	
	主动性	在小组讨论中表现主动、热情、积极	10	
	作业上交时间	能在规定时间内上交作业	10	
	作业态度	态度端正	10	
2. 职业能力	小组合作	小组分工合理，积极配合	15	
	准备工作	准备工作条理清晰、有序、充分	15	
	解决问题的能力	善于发现问题，并能及时解决问题	15	
	创新意识强	有创意，思路新颖独特，别具一格	15	
合计			100	

通过完成本工作任务，我能够做以下总结（见表6-3-5）。

表6-3-5　学生自我学习总结

一、主要知识点
1. 学到的知识点：
2. 自悟的知识点：
二、主要技能
1. 学到的技能：
2. 自悟的技能：
三、取得成果
1.
2.
四、经验和不足
1.
2.

任务拓展

深入了解并分析小红书用户的行为习惯，构建目标用户画像，包括年龄、性别、兴趣偏好等信息。

思考与练习

在小红书"种草"笔记中，如果要推荐某个产品，可以通过哪些方法让"种草"笔记引起读者兴趣？

工作任务四 抖音短视频营销

课前案例

某知名咖啡品牌在抖音短视频平台上,精心策划并发布了一系列浓缩咖啡制作过程的教学视频。这些视频内容翔实丰富,从咖啡豆的挑选、磨制、萃取到最终浓缩咖啡的呈现,每一步流程都进行了详细严谨的展示。在视频制作上,不仅展现了其产品独特的烘焙工艺和口感魅力,更传递出对咖啡文化深深的热爱与执着追求,向观众传递正确且专业的咖啡知识。无论是咖啡器具的选择、咖啡饮品的搭配,还是咖啡店的运营理念,都展现了该品牌对咖啡行业的深入研究和对消费者体验的高度重视。通过这些视频该品牌迅速在抖音平台上引发了大量关注和分享,不仅吸引了新用户关注,还对现有用户形成了持续吸引力,有力地提升了品牌知名度和影响力。

任务导入

近几年,短视频聚集了巨大的流量,其中有代表性的是抖音短视频。抖音是一个帮助用户表达自我、记录美好生活的短视频平台。据了解,抖音的总用户数量已超过8亿,日活跃用户量7亿,人均单日使用时长超过2小时。抖音正在发展成为一个庞大的流量平台,几亿具有消费意愿和消费能力的用户每天会花费几个小时观看抖音短视频或直播,因此对于企业而言,抖音已经成为品牌商进行短视频内容生产、实现用户沟通、促进销售转化的新阵地。在这个新阵地,创意和流量是品牌或产品营销的重要因素,那么,什么样的视频内容才能成功带货呢?应该如何增加流量呢?

任务分析

企业的新产品通过小红书平台获得了"90后"消费者的青睐,带来了可观的经济效益,企业负责人想要乘胜追击,继续扩大宣传,吸引更多的客户群体。抖音作为目前全民参与的大热平台,年轻人几乎占据了其大半江山,他们接受新事物的能力强,而且愿意参与新鲜事物的各项挑战,满足了品牌对于营销平台的需求。对于品牌来说,如果要发掘和培养年轻人群体,将他们转化为潜在的消费对象,抖音是必选平台之一。在抖音平台上,掌握流量即拥抱红利。假设你是企业营销部营销专员,你需要针对企业新产品在抖音平台上发布一个带货短视频(左下角带有购物车链接),视频时长要求在1分钟以上,首先要梳理产品特点和优势,然后拍摄营销短视频,最后上传至抖音平台。

任务实施

（1）每 4～5 位学生为一组，每组选定 1 名组长，负责小组内的任务分配和统筹。

（2）注册抖音账号，结合企业品牌形象，打造抖音人设。

（3）梳理产品特点、优势、卖点等详细信息，编写短视频脚本和文案，短视频的预估时长为 1～3 分钟。

（4）利用抖音软件进行短视频拍摄和进一步编辑，选择配乐、特效、文字等。

（5）将视频文件上传至抖音平台并截图证明。

（6）根据短视频在抖音平台投放的效果，进行经验总结，包括点赞量、评论量、收到的@数量和播放量。

（7）完成分析总结报告，并在班级演示交流。

（8）小组互评、教师点评。

任务总结

通过学习抖音平台的运营规则和短视频创作技巧，包括选题和内容、故事线的构建、镜头语言的使用，掌握短视频制作的基本流程和方法，提升内容创意与表达能力；根据观众的点赞、评论、转发等数据，分析用户画像，增强用户黏性，实现流量增长，从而提高短视频制作能力和创意水平，提升团队协作能力和解决问题的能力。

知识学习

（1）注册抖音账号，精心设计抖音人设，抖音账号中的视频、直播要与人设形象相符。

（2）讨论产品信息，要尽可能细化，抓住产品的特点或卖点，找到其与众不同的地方。

（3）带货视频一般包含开场导入的背景介绍、产品介绍、优惠机制与引导购买等内容。

（4）在视频的背景介绍中，前 3 秒是短视频的黄金时间，如果一个短视频不能在前 3 秒内引起用户的兴趣与好奇，那么它只能被无情划走。

（5）分别撰写短视频背景介绍、产品介绍和引导购买的脚本，并逐句分析。

（6）创造"爆款"短视频内容，策划"新、奇、特"短视频内容，比如内容在情理之中，结局在意料之外的剧情反转类；揭露行业内幕的行业揭秘类；追赶时事热点类等。

（7）巧用标题，搭配吸引眼球的标题以吸引用户注意。

（8）创新短视频带货营销活动，可以把产品性价比、价格、痛点等要素组合起来进行宣传。

根据任务内容,小组分工完成任务,并完成实训记录(见表6-4-1和表6-4-2)。

表6-4-1 团队分工

	组长	成员1	成员2	成员3	成员4
负责内容	决策、领导、组织、协调	内容策划	活动运营	用户运营	成果汇报
姓名					

表6-4-2 抖音短视频运营记录

抖音视频产品信息介绍:	
抖音视频文案内容:	
点赞量	
评论量	
收到的@数量	
播放量	

根据实训任务考核表(见表6-4-3)及职业道德和能力考核表(见表6-4-4),为小组成员在本任务中的表现评分。

表6-4-3 实训任务考核

任务评估指标	任务评估标准	分值/分	得分
1. 文案撰写	(1)文案切题严谨,准确传达产品或品牌信息	10	
	(2)语言表达规范完整	10	
	(3)文字生动形象,引人注意	10	
2. 抖音营销流程	(1)抖音人设和企业品牌协调一致	10	
	(2)抖音视频内容新颖、独特	10	
	(3)抖音点赞量、评论量、播放量较高	10	
	(4)通过抖音视频获得流量,提高目标客户的信任度和喜爱度,进而提升转化率,实现营销目标	10	

续表

任务评估指标	任务评估标准	分值/分	得分
3. 成果展示	（1）PPT 设计美观大方兼具艺术性	10	
	（2）解说时语言表达流畅	10	
	（3）团队成员参与度高、配合效果好	10	
合计		100	
教师评语： 签字： 年　月　日			
学生意见： 签字： 年　月　日			

表 6-4-4　职业道德和能力考核

职业道德和能力评估指标		考核标准	分值/分	得分
1. 职业道德	纪律性、责任感	小组成员工作纪律性强，具有强烈的道德责任感	10	
	主动性	在小组讨论中表现主动、热情、积极	10	
	作业上交时间	能在规定时间内上交作业	10	
	作业态度	态度端正	10	
2. 职业能力	小组合作	小组分工合理，成员积极配合	15	
	准备工作	准备工作条理清晰、有序、充分	15	
	解决问题的能力	善于发现问题，并能及时解决问题	15	
	创新意识强	有创意，思路新颖独特，别具一格	15	
合计			100	

通过完成本工作任务，我能够做以下总结（见表 6-4-5）。

表 6-4-5　学生自我学习总结

一、主要知识点
1. 学到的知识点：   2. 自悟的知识点：

续表

二、主要技能
1. 学到的技能：
2. 自悟的技能：
三、取得成果
1.
2.
四、经验和不足
1.
2.

任务拓展

选择一个主题，如美妆、旅游、健身、教育等，深入研究和创作相关的短视频内容，尝试制作新的内容形式，如长视频系列、直播互动、互动剧等，增加用户黏性。

思考与练习

在抖音短视频营销策划中，可以采用头脑风暴法，在合理范围内为短视频设计出其不意的结局，这样能够吸引用户关注，提高粉丝量，获取更多流量。那么，在营销策划中，还可以采用哪些方法来创作出有特色的短视频呢？

参考文献

[1] 刘克芹，白冬蕊．现代社交礼仪［M］．3版．北京：中国财经出版传媒集团，2020.
[2] 王淑华，宋春风．服务礼仪［M］．3版．北京：首都经济贸易大学出版社，2024.
[3] 阮喜珍，张明勇，从静．商务礼仪与沟通技巧［M］．武汉：华中科技大学出版社，2022.
[4] 胡晓玲，周演华．现代商务礼仪［M］．上海：上海财经大学出版社，2023.
[5] 徐春燕．礼貌礼节［M］．北京：高等教育出版社，2022.
[6] 王福强．食品质量与安全［M］．北京：中国农业出版社，2014.
[7] 刘金福．食品质量与安全管理［M］．北京：中国农业出版社，2021.
[8] 秦文．食品质量与安全管理学［M］．北京：科学出版社，2023.
[9] 王京法．餐饮食品质量与安全管理［M］．北京：中国轻工业出版社，2024.
[10] 新零售运营管理项目组．商场超市运营与管理［M］．北京：化学工业出版社，2021.
[11] 郑昕．连锁门店运营管理［M］．北京：机械工业出版社，2017.
[12] 陈杏头．门店运营与管理实务［M］．北京：中国人民大学出版社，2022.
[13] 杨莉娟，梁彩花．门店运营管理［M］．大连：东北财经大学出版社，2023.
[14] 中国连锁经营协会．商业特许经营加盟商投资指南［M］．北京：中国商业出版社，2007.
[15] 程爱学，徐文锋．特许连锁经营运作操典［M］．北京：北京大学出版社，2008.
[16] 赵桂莲，王吉方．特许经营法律与实务［M］．北京：科学出版社，2008.
[17] 蒋令，张明明．连锁经营总部运营管理［M］．北京：机械工业出版社，2012.
[18] 张垠，潘忠志．特许经营法律与实务［M］．重庆：重庆大学出版社，2013.
[19] 陈葆华．连锁经营管理与实务［M］．北京：北京大学出版社，2014.
[20] 荆涛．连锁王国：系统解析连锁模式［M］．北京：中华工商联合出版社，2014.
[21] 侯吉建，袁东．特许经营概论［M］．北京：中国人民大学出版社，2014.
[22] 曹静．特许经营原理与实务［M］．上海：立信会计出版社，2015.
[23] 罗天宇．特许经营行业分析［M］．北京：中国人民大学出版社，2016.
[24] 潘慧明．连锁经营法规［M］．北京：中国人民大学出版社，2017.
[25] 李轻舟，边明伟，蔺琛，等．实用连锁门店选址技术［M］．成都：西南交通大学出版社，2017.

［26］李凌宇，李丛伟．新媒体营销［M］．北京：中国人民大学出版社，2021．

［27］梅琪，王刚，黄旭强．新媒体内容营销实务［M］．北京：清华大学出版社，2021．

［28］惠亚爱，乔晓娟，谢蓉．网络营销推广与策划［M］．北京：人民邮电出版社，2019．

［29］刘洋，施洪玲，范红召．新媒体营销基础［M］．北京：清华大学出版社，2021．

［30］何晓兵，陆焰，赵从棉．网络营销基础与实务（视频指导版）［M］．3版．北京：人民邮电出版社，2024．